Wetzlar

IM WANDEL DER ZEIT

Martin Wein

Wetzlar: Im Wandel der Zeit

Wetzlar entwickelt sich dynamisch. Neue Unternehmen siedeln sich an, der Wohnungsbau floriert, die Einwohnerzahl steigt. Gegründet auf den Pfeilern Eisen und Stahl sowie Optik hat sich eine Vielzahl von innovativen Unternehmen in unserer Stadt angesiedelt, von denen nicht wenige zu den „Global Playern" gehören. In der Wetzlarer Innenstadt konnten wir unter Beteiligung der Bürger einen erfreulichen Prozess in Gang setzen: Das Quartier an der Bahnhofstraße entwickelt sich nach Jahren des Leerstandes und der Stagnation u.a. mit Wohnungen an der Lahn, Stadtbibliothek und Volkshochschule auf der Grundlage des Innenstadtentwicklungskonzeptes ISEK zu einem attraktiven urbanen Anziehungspunkt. Auch die Potentiale von Lahn und Dill wollen wir mit dem Konzept zur „Integration der innerstädtischen Wasserläufe" stärker in die Stadt bringen.

Natürlich arbeiten wir auch in den Stadtteilen und Stadtbezirken weiter an der Verbesserung des Wohnumfeldes und der Lebensbedingungen, etwa mit Hilfe des Programms Soziale Stadt in Wetzlar-Dalheim.

So hoffnungsvoll der Blick nach vorn für unsere Stadt ist, so spannend ist der Blick zurück auf die Geschichte dieser Stadt und ihrer Vorläufer von der Ur- und Vorgeschichte an. Eine Geschichte von Aufbrüchen und Rückschritten, Erfolgen und Niederlagen. Der Autor dieses Werkes, Martin Wein, gibt einen anschaulichen, lesenswerten Überblick mit einem besonderen Augenmerk auf der Wirtschaftsgeschichte. Ich freue mich über dieses Buch, das eine Vielzahl von historischen Schlaglichtern ansprechend darstellt und damit Interesse an der Geschichte Wetzlars und seiner Wirtschaftsunternehmen weckt. Ich wünsche der Publikation eine weite Verbreitung.

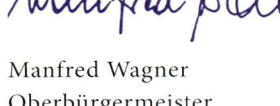

Manfred Wagner
Oberbürgermeister

Wetzlar rockt!

Wer Wetzlar nur von der Autobahn kennt, der verpasst nicht nur Goethes Spuren und den seit 600 Jahren unfertigen Dom. Die lebenswerte Stadt an der Lahn hat sich kräftig herausgeputzt

„Nein wirklich – ist das schön hier", prustet ein Rennradfahrer unter seinem futuristischen Helm hervor und zieht verwundert an seinem hautengen Trikot. „Und jetzt das!" Erstaunt drehen der Sportler und seine Kollegen die Köpfe – von der weiß getünchten alten preußischen Hauptwache auf dem Buttermarkt zum etwas zurückgesetzten, kirschroten alten Rathaus auf dem Fischmarkt. Schließlich bleiben sie an der Stiftskirche mit ihrem auffälligen Turm aus rotem Sandstein hängen. Die sieht irgendwie aus wie ein Gebäude, das aus sich selbst herauswächst. Nimmt man noch den Blick von der alten Lahnbrücke mit der Domkulisse hinzu, so lässt sich ohne Übertreibung von einem kleinen Prag an der Lahn sprechen. Allein die parkenden Autos stören den Postkartenblick. „Du ahnst es ja nicht", sagt der Freizeit-Radler und meint damit die ordentlich sanierte Altstadt. Schließlich sei man vorher kilometerweit durch eine „gesichtslose Stadt gebiket".

Gudrun Meißner kennt diese Reaktion. Wer mit der Bahn oder dem Auto Wetzlar passiert, der kommt durch unschöne Industriegebiete und nicht einmal im Traum auf die Idee, hier auszusteigen. Als die gebürtige Kölnerin vor 18 Jahren ins Lahntal an der Grenze zwischen Westerwald und Taunus zog, hatte auch sie für die neue Heimat ein Jahrzehnt lang wenig übrig. Erst eine Stadtführung in verschwiegene Winkel und zu versteckten Details brachte Meißner derart ins Schwärmen, dass sie jetzt selbst Besuchern die alte Reichsstadt in der Nachbarschaft des ungleich größeren, aber auch ungleich unschöneren Gießen näherbringt.

Über Wetzlar gibt es einiges zu erzählen, das den Rahmen einer Stadtführung sprengen würde. Die Steinbrücke über die Lahn hatte der Stadt an der Hohen Straße von Frankfurt nach Köln und Antwerpen im Mittelalter so viel Geld eingebracht, dass ihre Einwohner auch ohne Bischof den Bau einer mächtigen gotischen Kirche planten. Wenige Schritte weiter erinnert ein Museum an das kaiserliche Reichskammergericht. Diese revolutionäre Institution bescherte Wetzlar ab 1689 einen zweiten Aufschwung. Perückenträger und ihr Anhang brachten bis 1806 höfisches Leben in die Provinz. Johann Wolfgang Goethe hatte indessen sein Gerichtspraktikum in die Ferienzeit terminiert. Lieber vergnügte er sich mit Charlotte Buff. Das wiederum brachte Goethe auf die Idee zu einem Weltbestseller und der Stadt ein weiteres Museum. An einer anderen Stelle machen an Wochenenden hunderte Touristen am Tag eine Aufnahme vom Eisenmarkt mit den schönen Fachwerkhäusern in Erinnerung an Oskar Barnack. Der findige Ingenieur hatte hier 1914 sein erstes Motiv auf einen Kleinbildfilm im Format 24 x 36 Millimeter belichtet – und damit der Fotografie den Weg zum Volksvergnügen geebnet. Ein Jahrhundert später ist der Hersteller Leica wieder in der Stadt Wetzlar präsent mit einem zukunftsweisenden Museum mit Fensterblick in die aktuelle Produktion.

Noch mehr Geschichte(n) erzählt dieses Buch. Es dient als Leitfaden und Begleiter durch rund 1200 Jahre bewegte Stadtgeschichte. Dr. Irene Jung, die Leiterin des Historischen Archivs, Dr. Anja Eichler, die Leiterin der städtischen Museen, und zahlreiche Vertreter und Inhaber Wetzlarer Unternehmen waren bei der Zusammenstellung der Inhalte und der Ermöglichung des Buches behilflich. Es soll Lust machen auf eine Stadt, die zum Hessentag 2012 nicht ohne Berechtigung für sich mit dem Motto warb: kulturell – lebendig – bunt.

Dr. Martin Wein
September 2018

Wetzlar punktet seit jeher mit seiner Lage im grünen Lahntal. In Zukunft sollte die wieder stärker in den Fokus rücken.

Foto: Martin Wein

Inhaltsverzeichnis

Wetzlar: Im Wandel der Zeit
Vorwort von Oberbürgermeister Manfred Wagner | 3

Wetzlar rockt! | 4

Im Schnittpunkt der Gebirge:
An Lahn und Dill | 8

-5000 v. Chr. **Die ersten Ackerbauern**
Leben im Langhaus | 10

-500 **Latène-Kultur**
Die Kelten schmieden Eisen | 12

-4 **Römer an der Lahn**
Ein Forum in der Nachbarschaft | 14

800 **Die Reichsburg Kalsmunt**
Kaisers Münzen für Wetzlar | 16

832 **Erste Erwähnungen**
Wetzlar in den Akten | 18

897 **Wetzlarer Dom**
Udo geht stiften | 20

1180 **Privilegien für Wetzlar**
Rotbarts Gunstbeweis | 24

1250 **Stadtmauer und Lahnbrücke**
Über sieben Brücken musst du geh'n | 26

1285 **Dietrich Holzschuh**
Der falsche Friedrich | 28

1318 **Märkte und Stadtleben**
Zu Gallus auf den Buttermarkt | 30

1349 **Fehden und die Pest**
Blutige Zeiten | 32

1422 **In Reichsacht**
Die Stadt ist endgültig pleite | 36

1525 **Reformationszeit**
Ein neuer Glaube | 38

1689 **Reichskammergericht**
Auflauf der Assessoren und Advokaten | 40

1731 **Duktus (Production) GmbH**
Vom Roheisen zum nternet des Wassers | 44

1772 **Gerichtspraktikant Goethe**
Lotte in Wetzlar | 48

1796 **Französisches Intermezzo**
Ein Pyrrhussieg für Karl | 50

1808 **J.J. Völk Wetzlar GmbH**
Um die Ecke oder ans andere Ende der Welt | 53

1815 **Wetzlar wird preußisch**
Außenposten der Rheinprovinz | 54

1841 **Bergbau und Industrialisierung**
Ein heißes Eisen | 56

1849 **Optische Industrie**
Licht-Einfälle | 58

Jahr	Titel	Untertitel	Seite
1862	Die Eisenbahn kommt spät	Anschluss an die Welt	60
1869	Hexagon Manufacturing Intelligence	3D-Messtechnik in höchster Präzision	62
1883	Kremp Wetzlar Präzisionszahnräder GmbH	Fünf Generationen Maßarbeit	64
1887	Lonkwitz Edelstahltechnik GmbH	Für ordentlich Dampf im Kessel	66
1903	Leistende Verwaltung und Stadterweiterung	Die Stadt wächst über die Lahn	68
1914	Erster Weltkrieg	Jubelrufe und Steckrüben	70
1918	IBC Wälzlager GmbH	Präzision bis zu den Sternen	74
1918	Die Novemberrevolution	Das Kaiser-Theater schließt	76
1922	Satisloh GmbH	Klare Sicht für alle	78
1932	Zwischen den Kriegen	Zivilcourage und Anpassung	80
1938	Wetzlars Juden	Leitz' Leute	82
1938	Karl Grumbach GmbH & Co. KG	Innovative Produkte für Dächer und Bäder	84
1944	Zwangsarbeit und Bombenkrieg	Bis zum letzten Mann	86
1945	Kriegsende und amerikanische Besetzung	Die Yankees kommen	89
1946	Heinemann Optik und Akustik	Schön zu sehen, gut zu hören	91
1950	Vertriebene und Gastarbeiter	Viele neue Nachbarn	92
1956	Bundeswehrgarnision	Panzer für den Frieden	94
1967	Helmut Hund GmbH	Ideen, die Geschichte schrieben	96
1977	Gebietsreform	„Wenn ich Lahn seh, krieg ich Zahnweh"	100
2001	StudiumPlus	Wetzlar wird Hochschulstadt	102
2005	Stadtentwicklung	Ein neues Forum entsteht	104
2018	Aktuelle Perspektiven	Kennzeichen WZ	106

Der Autor
Dr. Martin Wein | 110

Inserentenverzeichnis | 111

Literaturverzeichnis | 112

Impressum | 112

WETZLAR IM WANDEL DER ZEIT

Im Schnittpunkt der Gebirge

An Lahn und Dill

Städte entstehen nicht aus heiterem Himmel und fast nie an zufälligen Orten. Im Falle Wetzlars hat die Erdgeschichte kräftig mitgeholfen. Und Lahn und Dill sorgten für den nötigen Freiraum und einen sicheren Übergang

Schaut man vom Aussichtsturm auf dem Gipfel des Stoppelberges hinab auf Wetzlar und sein hügeliges Umland, dann fällt es schwer zu glauben, dass hier einmal Fische schwammen. Man muss die Uhr aber nur lange genug zurückdrehen. Dann findet man genau dieses Bild vor. Just zu der Zeit, als die ersten Wirbeltiere mit einem inneren Skelett sich im Devon, einer Epoche im Erdaltertum, in den Meeren breit machten, schwappte hier ein riesiger warmer Ozean. Er war gesprenkelt mit Inselketten, aktiven Vulkanen und bereits erodierten Atollen. Eine herrliche Gegend also. Und voller Leben! Und wenn Muscheln, Schnecken, Belemniten, Ammoniten, Korallen und andere Weichtiere am Ende ihres Lebens auf den Meeresgrund sanken, blieben ihre Schalen und Gehäuse auf dem Meeresgrund liegen. Sie wurden zerdrückt, zermahlen und zu Kalkgestein gepresst, als im Laufe vieler Jahre immer mehr Sande, Tone und Trümmerbrocken sich ablagerten. In Jahrmillionen kam da einiges zusammen, genauer gesagt eine bis zu zwölf Kilometer dicke Gesteinsdecke.

Die Idylle nahm allerdings schließlich ein dramatisches Ende. In der Region prallten damals zwei riesige Kontinentalplatten aufeinander und formten mit der Zeit bis zum Ende des Erdaltertums den Superkontinent Pangaea. Immer wieder öffnete sich dabei die Erdkruste und durchsetzte das Gestein mit Lagen von Lava mit häufig hohen Anteilen an Mangan, Eisen und anderen Metallen. Als die Fische sich etabliert hatten und erste Urlurche ihre schuppigen Körper aufs sumpfige Ufer schoben, begannen gewaltige Kräfte infolge dieser Kollision, den ganzen dicken Sand- und Sedimentkuchen zusammenzuschieben. Wie ein Stück Papier wurden die Schichten übereinander geschoben, gefaltet und verformt. So entstand das Rheinische Schiefergebirge als eines der alten Gebirge unserer Erde. An seinem Ostrand entstand später die Stadt Wetzlar.

Das Lahntal bot den ersten Siedlern eine abwechslungsreiche Landschaft mit ausreichend Wasser, Holz und Rückzugsmöglichkeiten auf den Höhenrücken.

Als Transportader letztlich zu klein, hat die Lahn bis heute ihren natürlichen Charakter weitgehend erhalten und ist damit ein beliebtes Revier für Paddler und Kanuten.

Von Dauer war das Ganze allerdings ebenfalls nicht. Schließlich brechen auch Marmorstein und Eisen. Wind und Wetter schliffen, schmirgelten und spülten den Großteil des Gebirges im Lauf von Jahrmillionen wieder fort und schoben eine tektonische Decke über das alte Urmeer. Es blieb eine flache Ebene, die nur an ihren Rändern zeitweise wieder überspült wurde.

Für das gesamte Erdmittelalter verbreiteten die Dinosaurier Angst und Schrecken auf der Erde. Dann krachte vor 65 Millionen Jahren ein gewaltiger Meteorit in den Golf von Mexiko und verdunkelte die Erde für Jahre. Alle größeren Landtiere starben aus – und die kleinen, anpassungsfähigen Säuger spielten ihre Trümpfe aus.

Vulkanische Aktivität schuf im Tertiär Basaltkegel wie den Stoppelberg, die höchste Erhebung im Stadtgebiet, auch wenn dieser heute unter einem dichten Baumkleid kaum noch als Vulkan zu erkennen ist. Viele Millionen Jahre später wurde es bitterkalt auf der Erde und Gletscher flossen von Norden kommend mehrfach bis nach Mitteleuropa. Die Säugetiere in den Kältesteppen am Rand des Eises entwickelten sich zu beachtlichen Megaformen wie Mammut und Wollnashorn. Als das Klima in sogenannten Interglazialen zwischenzeitlich etwas erträglicher wurde, zog es auch die ersten Menschen von der Art homo neandertalensis nach Mitteleuropa. In Münzenberg, nur eine halbe Autostunde von Wetzlar entfernt, haben sie Steinplatten hinterlassen, die an einer Seite eine messerscharf geschliffene Kante aufweisen. Mit diesen handlichen Werkzeugen ließen sich beispielsweise Felle reinigen oder Fleischstücke abtrennen – schon 800 000 bis 600 000 Jahre vor der Gegenwart.

Etwa um diese Zeit fing Hessen vor etwa einer halben Million Jahren wieder an, sich zu heben. Ein Prozess, der noch heute anhält. So wuchsen der Taunus im Süden, das Rothaargebirge im Nordosten und der Westerwald im Westen in die Höhe. Aber dem Aufwuchs widersetzten sich andere Kräfte. Das Wasser suchte sich weiterhin seinen Weg in Richtung Meer. Bäche und Flüsse gruben dabei in ihrem beständigen Lauf tiefe Täler ins teilweise weiche Gestein und prägen die Landschaft damit bis heute. Die Lahn und die Dill zerschnitten auf ihrem Weg aus dem Rothaargebirge die Gebirgsketten und trennen mit ihren Betten heute die Mittelgebirge. Die kräftige Lahn – sie hat an ihrer Mündung ein Wasservolumen von 52 Kubikmetern pro Sekunde – schob zudem viel Sediment durch ihr breites Tal und lagerte es im Nordwesten des Stadtgebietes ab. Von Norden bzw. Nordosten nach Süden in Richtung des mächtigen Rheins strebend, treffen beide Flüsse in Wetzlar schließlich aufeinander. So schufen sie inmitten der Berge den Freiraum, in dem sich später die Stadt ausbreiten sollte. Und eine sichere Furt durch die Lahn an der Eisernen Hand machte den Platz zu einem wichtigen Verkehrsknotenpunkt. Doch lange bevor hier eine Stadt wuchs, hinterließen die womöglich ersten Siedler im heutigen Stadtgebiet vor 7000 Jahren im jetzigen Ortsteil Dalheim einen spektakulären Fund.

Wetzlar entstand etwa auf halbem Weg zwischen Quelle und Mündung im Tal der Lahn und ihrer Zuflüsse an einer wichtigen Furt.

WETZLAR IM WANDEL DER ZEIT 9

5000 v. Chr. | Die ersten Ackerbauern

Leben im Langhaus

In Dalheim gaben Bodenfunde Prähistorikern 2002 Einblick in die erste Ackerbaukultur Europas. In einer alten Schleife der Lahn hatten hier schon vor 7000 Jahren erste Siedler ein prosperierendes Dorf angelegt – komplett mit Befestigung und zwei Brunnen

Über Jahrtausende hatten Menschen lediglich als Jäger und Sammler die Mittelgebirge rund um die Lahn durchstreift. Im Schutz der Hänge waren sie vor kalten Winden aus dem Norden relativ gut geschützt. Vor allem von Westen strömte wärmere Luft in die Region. Da auch Tiere die geschützten Lagen bevorzugten, bot der Naturraum viel Wild und der Fluss Fische, Krebse und Muscheln.

Auch nachdem sich die Eiszeit endgültig in den hohen Norden verabschiedet hatte, änderte sich über mehrere Jahrtausende zunächst wenig im Alltag der Bewohner. Dann jedoch kam es in ganz Europa zu einem radikalen Einschnitt. In nicht einmal zwei Jahrhunderten wurde eine völlig neue Lebensweise populär: Ausgehend vom Neusiedler See kamen Ackerbau und Viehzucht auch ins Lahntal. Sehr kurzfristig zogen die Menschen nicht mehr zwischen verschiedenen Siedlungsplätzen umher, sondern bauten feste Häuser und bildeten große Gemeinschaften.

Über die Ursachen dieses spektakulären Wechsels im Lebenswandel darf noch spekuliert werden. In Anatolien hatten Menschen schon einige Zeit zuvor erste rätselhafte Kultstätten wie Göbekli Tepe errichtet. Dann kam es zu einer kurzen aber kräftigen Abkühlung im fruchtbaren Halbmond vor etwa 8200 Jahren. Diese Misox-Schwankung könnte die Ressourcen verknappt und Menschen gezwungen haben, nach Neuland Ausschau zu halten. Auf ihrem Weg nach Norden stießen die Emigranten schon bald auf angenehme Verhältnisse. Vor etwa 8000 Jahren begann in Europa die wärmste Phase der aktuellen Zwischeneiszeit. Die Temperaturen lagen im Durchschnitt ein bis zwei Grad über denen im 20. Jahrhundert und die Winter waren sehr mild. Mischwälder mit hoher Artenvielfalt breiteten sich aus.

Einiges spricht also dafür, auch wenn diese Hypothese durchaus nicht alle Wissenschaftler teilen, dass eine neue Bevölkerung in unserem Fall entlang der Donau, des Rheins und später der Lahn vordrang. Vor rund 7000 Jahren fanden jedenfalls die ersten bekannten Ackerbauern der Region im heutigen Wetzlar-Dalheim auf dem Rittplatz unweit der Bundesstraße 49 ein neues Zuhause. 2002 entdeckten Wissenschaftler der Universität Bamberg um den Frühgeschichtler Andreas Schäfer dort bei großräumigen geomagnetischen Bodenaufnahmen Reste einer bedeutenden Groß-Siedlung.

Für den Laien sind die Schwarz-weiß-Bilder zunächst wenig spektakulär. Im Grau der Flur sieht man einige Linien und Anomalien im Gelände, die Veränderungen in der Bodenstruktur anzeigen. Experten können damit und im Vergleich anderer Fundplätze hingegen eine ganze Geschichte erzählen. In einer alten Schleife der Lahn muss sich damals eine florierende Siedlung entwickelt haben, die in einer Kette kleinerer Weiler entlang des Flusstals entstand und offensichtlich bereits gut organisiert war. Nur in abgestimmter Arbeit war es den Menschen möglich, die Eichenwälder zu roden, um einen Bauplatz zu schaffen. Aus den Stämmen zimmerten sie mindestens ein Dutzend Langhäuser, die mit 30 Metern ihrem Namen alle Ehre machten. Jeweils fünf Reihen unterschiedlich hoher Holzpfähle trugen das Satteldach, das mit Stroh, Schilf oder Rinde gedeckt wurde. Dabei wurden die Häuser immer in Südwest-Nordost-Richtung gebaut, um den vorherrschenden Winden möglichst wenig Angriffsfläche zu bieten. Die äußersten Pfahlreihen stellte man in niedrige Gräben und flocht dann Seitenwände aus Ruten und verputzte sie mit Lehm. Eine ganze Sippe von 20 bis 40 Personen könnte ein solches Haus bewohnt und in einem Teil davon auch ihre Vorräte aufbewahrt haben. Man darf also vermuten, dass 400 bis 600 Menschen im Dorf lebten und sich als feste Gemeinschaft verstanden.

Hatten die Jäger und Sammler noch mitten in und von der Natur gelebt, so prägte der Wunsch nach Abgrenzung von deren Gefahren das Leben der ersten Bauern. Sie scheuten keine Mühen, einen zwei Meter breiten und 700 bis 1000 Meter langen Graben rings um den gesamten Weiler auszuheben. Davor schoben sie einen hohen Wall auf, der ebenfalls wilde Tiere wie Wölfe, Bären oder Luchse oder Angreifer auf Distanz halten sollte. Nur durch Tore gelangte man hinein. Damit die Bewohner im Falle einer Gefahr nicht in den Wald mussten, hatten sie zwei Brunnen als sichere Trinkwasserquellen innerhalb des Erdwerks ausgehoben.

Von anderen, sehr ähnlichen Fundorten weiß man ziemlich genau, wie die Menschen lebten. Sie hatten bereits Geschirr wie Krüge oder Becher, in die sie gewellte oder eckige Linien verzierten. Dieser typische Schmuckstil hat der ältesten bäuerlichen Kultur der Jungsteinzeit den Namen Bandkeramik-Kultur eingetragen. Der Anbau von Getreide und Hülsenfrüchten erlaubte eine viel höhere Bevölkerungsdichte als die reine Sammelwirtschaft. Auf dem Speisezettel standen Emmer und Spelzgerste, die zwischen zwei Mahlsteinen geschrotet und in außerhalb des Hauses angelegten Grubenöfen zu Brot gebacken wurden. Auch Erbsen, Linsen und Lein wurden angebaut. Die Burschen ließen Schweine die Eicheln im Wald fressen. Rinder lieferten Milch für Käse. Vielleicht zogen Ochsen sogar schon einen Pflug durch die Felder. Spitz-ähnliche Hunde hüteten Schafe und Ziegen.

Überreste von Spindeln deuten darauf hin, dass die Menschen schon Stoffe herstellten. Männer und Frauen trugen hosenähnliche Unterkleider und warme Überwürfe. Feuersteine lieferten Messer, Schaber und Pfeilspitzen für Fernwaffen. Teilweise wurden gute Werkstücke über weitere Entfernungen hin gehandelt. Dennoch sollte es noch Jahrtausende dauern bis die Menschen andere, noch viel nützlichere Werkstoffe zu nutzen verstanden, die im Lahntal reichlich zur Verfügung standen: Metallerze.

Das Langhaus war eine extrem ressourcenschonende Angelegenheit und blieb über Jahrtausende in Mode. Diese jungsteinzeitliche Variante wurde für das Freilichtmuseum Oerlinghausen in Westfalen rekonstruiert.

WETZLAR IM WANDEL DER ZEIT

500 v. Chr. | Die Latène-Kultur

Die Kelten schmieden Eisen

Schon 500 Jahre vor der Zeitenwende entzünden Kelten im Lahntal die ersten Rennöfen zur Eisengewinnung. Das Metall bringt viele neue Möglichkeiten und beflügelt den Handel. Aber es ruft auch Neider auf den Plan

Wenn man das Prinzip einmal verstanden hat, ist es fast kinderleicht: Unter großer Hitze löst sich Eisen wie von Geisterhand aus dem Erzgestein. Anschließend lässt es sich viel besser zu Werkzeugen, Schmuck und Waffen verarbeiten als jeder Stein. Dabei ist es robust, vielseitig einsetzbar und verhältnismäßig leicht. Nicht umsonst hat man ein ganzes Zeitalter nach dem Metall benannt, das der Stadt Wetzlar jahrhundertelang zu erheblichen Einkünften verhalf.

Die großen Hochkulturen im fruchtbaren Halbmond hatten schon früh auf Metall gesetzt, Goldvorräte gehortet und Waffen aus Kupfer und Bronze gegossen. Vor 3000 Jahren kam diese Technik auch im Lahn-Tal an. Ein unversehrt gebliebenes Hügelgrab diente im 20. Jahrhundert als Zeitkapsel aus jener Epoche. Als es in den 1930er-Jahren in der Neustadt geöffnet wurde, kamen einige schöne Armringe aus Bronze zutage, die vom künstlerischen Geschick der damaligen Schmiede zeugen. In Dutenhofen wurden etwas jüngere Funde gemacht: Bronzenadeln, Nieten und ein Schwert mit Griffzunge. Leider hat sich wenig aus dem Leben der Menschen in der Bronzezeit erhalten. Erst vom Ende der Epoche, der sogenannten Hallstatt-Kultur, kennen Archäologen neben Gräberfeldern etwa am Fuß des Stoppelberges auch Siedlungsreste. Glücklicherweise haben die Menschen ihren Müll in Gruben neben ihren Häusern geworfen. Neben Geschirr aus Keramik erzählen Webgewichte, Spinnwirtel und Mühlsteine vom Leben der bäuerlichen Bevölkerung.

Etwa 500 Jahre bevor Jesus von Nazareth im heutigen Israel die christliche Zeitenwende einläuten sollte, hatten die Menschen auch außerhalb der sich allmählich entwickelnden römischen Welt die Eisenverhüttung bereits verstanden. Eisenerz war im Lahntal überproportional häufig zu finden. Es lag an vielen Stellen direkt an der Oberfläche in sogenannten Rolllagern, so dass die ersten Hüttenarbeiter das Gestein mit relativ geringem Aufwand schürfen konnten. Anschließend schleppten sie es bevorzugt auf die windigen Kammlagen. Dort kam das Rohmaterial in kleine Rennöfen aus Lehm, die mit Torf, Holzkohle oder Ästen zuvor ordentlich auf 1000 bis 1100 Grad eingeheizt worden waren. Diese Öfen waren das eigentliche Erfolgsrezept. Zum Vergleich: Eine Streichholzflamme erreicht etwa 800 Grad. In der Hitze des Ofens löste sich ein Teil des reinen Eisens aus dem Erz. Der Rest rann als Schlacke durch Löcher im Boden davon – deshalb spricht man von einem Rennofen. Im häufigen Wind und mit dem Kamineffekt des Ofens war oft noch nicht einmal ein Blasebalg nötig, um diesen erstaunlichen Prozess in Gang zu bringen. Schlackereste hat man als dicke Klumpen beispielsweise in Dalheim und Dutenhofen entdeckt.

Vor dem Eisen kam die Bronze: Diese schmückende Beinscheibe aus Bronze wurde einem Verstorbenen um 1400 v. Chr. mit in ein Hügelgrab vor der Neustadt gelegt. Heute liegt sie im Stadtmuseum.

Das Keltendorf in Otzenhausen (Hunsrück) zeigt, wie die Kelten auch im Lahntal lebten.

Rechts: Keramikreste wie diese Töpfchen aus dem 8. oder 7. Jahrhundert vor der Zeitenwende im Stadtmuseum berichten aus der Lebenswelt der damaligen Bewohner.

Unten: Der Stoppelberg bot in der Hallstattzeit hinter einem künstlichen Wall Menschen Schutz vor Eindringlingen.

Vermutlich waren es Kelten, die in großer Zahl um diese Zeit zur Eisengewinnung in die Region kamen. Kulturell gehörten die ersten Wetzlarer – ohne dass es den Namen oder die Stadt damals schon gegeben hätte – zum nördlichsten Einflussbereich der Latène-Kultur, die sich ab etwa 450 v. Chr. nördlich der Alpen von Frankreich bis nach Ungarn und hinauf bis in die deutschen Mittelgebirge ausbreitete. Ihren Namen hat sie von einem Fundort am Neuenburgersee in der heutigen Schweiz erhalten. Dort wurden besonders viele der für die Kultur typischen gläsernen Arm- und Fingerringe sowie andere Glaswaren gefunden. Auch wenn es außerhalb der antiken Welt zu dieser Zeit noch keine gefestigten Staatswesen mit zentralistischen Strukturen und gut organisierten Verkehrswegen gab, lebten viele Kelten damals schon vom Fernhandel. So finden sich typische Gegenstände der Latène-Menschen sogar hoch oben in Skandinavien, auch wenn die Region selbst nicht mehr zum Siedlungsgebiet ihrer Kultur gehörte.

Ähnlich darf man sich das wohl auch mit den Metallprodukten aus dem Lahntal vorstellen. Sie waren gefragte Handelswaren, die den Hüttenarbeitern und Schmieden im Tauschhandel Lebensmittel, Textilien oder andere Güter einbrachten. So herrschte in der Region vermutlich bereits eine gewisse Arbeitsteilung. Wohngebäude aus dieser Zeit sind nicht überliefert. Sie wurden noch vollständig aus Holz und Flechtwerk errichtet und haben sich nicht erhalten. Von anderen Fundplätzen der Kultur kennt man aber Grundrisse von Häusern, die von zwei oder drei Reihen Pfosten getragen wurden und vermutlich Menschen und Tieren gleichermaßen Unterschlupf boten. Werkstätten verlegte man dagegen gerne in kleine Erdgruben, die nur mit einem niedrigen Dach geschützt waren. Gerade Schmieden waren so besser vor Feuer geschützt.

Die Attraktivität der Gegend sprach sich herum. Das mag die bisherigen Einwohner zu einigen aufwändigen Wehranlagen bewogen haben. Vermutlich noch in der Hallstattzeit wurde die Wallanlage auf dem Stoppelberg als Wehrdorf oder Burg angelegt. In der Latène-Zeit verschanzten sich Kelten auf dem fast 500 Meter hohen Dünsberg nordöstlich der Stadt. Sie hinterließen Eisenwaffen und landwirtschaftliches Gerät. Auch Reste zweier weiterer Siedlungen aus der späten Bronze- und der frühen Eisenzeit haben sich im Stadtgebiet erhalten. Wohl um die Zeitenwende drängten nach und nach die germanischen Chatten in die Gegend und verschmolzen allmählich mit der keltischen Bevölkerung. Das Wichtigste war, dass die Geschäfte weiter liefen. Schließlich kamen zur gleichen Zeit Handelspartner mit überaus attraktiven Handelswaren in die Gegend – Römer. Die Frage war nur, ob man auch deren Oberhoheit akzeptieren sollte.

WETZLAR IM WANDEL DER ZEIT | **13**

5000 v. Chr.
500 v. Chr.
4 v. Chr.
800
832
897
1180
1250
1285
1318
1349
1422
1525
1689
1731
1772
1796
1815
1841
1849
1862
1869

4 v. Chr. | Römer an der Lahn
Ein Forum in der Nachbarschaft

Sie kamen, um zu bleiben: Mit Groß-Germanien wollten die Römer ihre Herrschaft über den Rhein ausdehnen. An der östlichen Stadtgrenze Wetzlars hatten sie bereits erfolgreich mit dem Bau einer prächtigen Handelsstadt begonnen, als ihnen jemand in die Quere kam

Es war viel mehr als ein Militärlager, auch wenn es mit Wällen, Graben und drei Toren gesichert war. Was römische Bauhandwerker in den Jahren kurz vor der Zeitenwende auf einem Gelände zwischen Längenbach und Metzebach unweit des Lahnufers auf die grüne Wiese stellten, war der Kern einer richtigen Stadt. Da kreuzten sich zwei große Straßen mit Abwassergräben auf einem beeindruckend großen Forum. An einer Seite stand unübersehbar eine Basilika als Markt- und Gerichtshalle. Weitere Häuser aus verputztem Fachwerk dienten als Schenken, Lagerräume, Geschäfte und wohl auch als Wohnhäuser mit lauschigen Laubengängen. Einen Tempel gab es zwar wohl noch nicht und vieles andere war noch mitten im Werden. Aber die Bauherren waren keinesfalls nur auf der Durchreise. Sie wollten eine Verwaltungsstadt für eine neue Provinz Groß-Germanien, die den eigenen Leuten in der Fremde möglichst den gewohnten Luxus des Römischen Weltreiches bieten und gleichzeitig die germanischen Siedler in der Nachbarschaft beeindrucken sollte.

Was sich damals in den Wäldern östlich des Rheins tatsächlich abspielte, liegt seit zwei Jahrtausenden weitgehend im Dunkeln. Schließlich hinterließen die Germanen keine schriftlichen Überlieferungen. Und die römischen Geschichtsschreiber berichteten zumeist vom Hörensagen und mit eigenen moralischen Interessen. Nach dem vergeblichen Vorstoß des Drusus im Jahr 9 vor Christus galt in der Antikenkunde das Projekt 2000 Jahre für gescheitert, Germanien dem Imperium Romanum einzuverleiben. Lange konnten Historiker sich deshalb einen Fund wie das römische Forum bei Waldgirmes gleich östlich der Wetzlarer Stadtgrenze gar nicht vorstellen.

Ende der 1980er-Jahre sollte auf demselben Gelände ein neues Gewerbegebiet entstehen. Bevor die Bagger anrollten, eilte Gerda Weller auf den Acker. Die ehrenamtliche Denkmalschützerin wollte retten, was die Zeit überdauert hat, bevor der Asphalt es für immer versiegeln würde. Kurz vor dem Jahreswechsel 1989 kippte Weller einen Haufen Scherben auf den Schreibtisch von Heinrich Janke, dem Bodendenkmalpfleger im Kreis Wetzlar. Und der entdeckte ein auffälliges Fragment: Eine Scherbe aus römischer Produktion. Drei Jahre des Suchens und unzählige Kisten mit weiteren Fragmenten später interessierten sich schließlich auch andere für den Fundplatz. Die Römisch Germanische Kommission (RGK) des Deutschen Archäologischen Instituts in Frankfurt/Main unternahm eine Sondergrabung. Schnell wurde klar: Da steckte noch mehr unter der Erde.
Anhand von Holzspuren lassen sich die Fundstü-

Was römische Bauhandwerker in den Jahren kurz vor der Zeitenwende auf einem Gelände zwischen Längenbach und Metzebach unweit des Lahnufers auf die grüne Wiese stellten, war der Kern einer richtigen Stadt.

cke zeitlich eingrenzen. Spätestens ab dem Jahr 4 vor Christus wurde in Waldgirmes gebaut. Womöglich hat es vorher ein temporäres Militärlager gegeben. Der Ort war gut gewählt. Über die Lahn, die die Römer Laugona nannten, war die neue Siedlung in wenigen Tagesreisen von den römischen Neugründungen Mainz und Köln aus erreichbar. Die neuen Bewohner brachten Glasperlen und geschnittene Schmucksteine mit, vielleicht auch, um damit zu handeln. Auch ungeschliffenen Bernstein von der Ostsee fand man. Römische Keramik und einfache germanische Pendants zeigten den Archäologen 2000 Jahre später eindeutig, dass hier zwei Kulturen miteinander in Beziehung traten. Zeitgleich wurde in Dalheim weiter Eisen verhüttet. Da sich auch dort römische Keramikreste fanden, deutet einiges auf durchaus regen Handel zwischen Römern und Kelten bzw. Germanen hin.

Dann gelang den Ausgräbern Armin Becker und Gabriele Rasbach zwei Jahrzehnte nach den ersten Bodenfunden ein sensationeller Fund. Auf dem Boden eines der beiden Brunnen stießen sie in elf Metern Tiefe auf ein römisches Weinfass. Darin lag in Lebensgröße der vergoldete Bronzekopf eines Pferdes. Schon vorher hatte man kleinere Relikte desselben Stücks gefunden. So war schnell klar: Die Wissenschaftler waren auf den Rest eines lebensgroßen Rosses gestoßen, das einst vermutlich den Kaiser Augustus getragen hatte – den römischen Regenten jener Zeit.

Vermutlich ist das zerstörte vergoldete Ross der Widerhall einer dramatischen Begegnung, die Roms Selbstverständnis einen gehörigen Knick versetzte. 9 nach Christus war der römische Statthalter Publius Quinctilius Varus mit drei Legionen samt Hilfstruppen und Tross ein ganzes Stück weiter nördlich im Teutoburger Wald unterwegs, angeblich um die Legionszeichen des Drusus nach Hause zu holen. Doch die Truppen gerieten in einen Hinterhalt. Arminius, ein abtrünniger römischer Vasall, schlug sie vernichtend. Als die Kunde von der schmachvollen Niederlage die Hauptstadt erreichte, wurden alle Expansionspläne an der Rheingrenze zu den Akten gelegt.

Wurde das Forum von Waldgirmes geplündert? Oder zündeten die Erbauer es selbst an, als sie den Rückzug hinter den Rhein antraten? Spuren eines Kampfes haben sich nicht überliefert. Dennoch scheint es letztlich eher ein eiliger Abschied gewesen zu sein, der die kurze Präsenz der Römer im Lahntal beendete. Sonst hätte man ein vergoldetes Pferd des Kaisers nicht einfach in einen Brunnen geworfen.

Auch nach dem Abzug der Römer haben die Germanen aus dem Wetzlarer Raum weiter Kontakte hinein ins Imperium gepflegt. Darauf deutet jedenfalls ein zerbrochener römischer Becher mit 87 römischen Silbermünzen aus dem späten 1. und 2. Jahrhundert nach Christus hin, den ein Grundbesitzer 1990 in seinem Garten in Niedergirmes entdeckte.

Zwei Jahrtausende später ist man in der Region eher stolz auf das, wenn auch kurze, römische Intermezzo. So setzte Heinrich Janke, ein Künstler aus Braunfels, den göttlichen Augustus kurze Zeit nach dem Fund von 2009 in einer freien Rekonstruktion wieder aufs Pferd. Das berühmte Reiterstandbild Marc Aurels in Rom stand Pate dafür. Anders als wohl damals üblich zeigte Janke Augustus als attraktiven jungen Mann. Dem selbstbewussten Regenten hätte das sicher geschmeichelt.

Zwei Jahrtausende später ist die Region – wie hier beim Römertag 2017 – eher stolz auf das wenn auch kurze römische Intermezzo.

In einem antiken Brunnenschacht entdeckten die Ausgräber 2009 den Bronzekopf des Reiterstandbildes.

Heinrich Janke, ein Künstler aus Braunfels, setzte den göttlichen Augustus in einer freien Rekonstruktion wieder aufs Pferd.

Alle Fotos: Förderverein Römisches Forum Waldgirmes e. V.

WETZLAR IM WANDEL DER ZEIT

800 | Die Reichsburg Kalsmunt

Kaisers Münzen für Wetzlar

90 Meter über der Eisernen Hand thronen auf einer markanten Basaltkuppe die Überreste der ehemaligen Reichsburg Kalsmunt. Obgleich die Höhenburg neben dem Dom als zweites Wahrzeichen der Stadt weithin sichtbar ist, hat sie noch längst nicht alle Geheimnisse preisgegeben

Der Ort war gut gewählt. Auf einer Warte 90 Meter über dem Talgrund sicherte die Reichsburg Kalsmunt über Jahrhunderte die wichtige Furt durch die Lahn an der Eisernen Hand. Noch heute bietet sich von der Burgruine ein umfassender Rundblick über Stadt und Land. Eine Fläche von rund 200 Quadratkilometern lässt sich von hier aus mit bloßem Auge kontrollieren. In Zeiten ohne Fernrohr, Telefon oder feste Grenzen war das ein strategischer Glücksgriff. Wirklich gebraucht wurde er aber nie. Der Kalsmunt wurde nie angegriffen und mit den Jahren nur dem natürlichen Verfall preisgegeben.

Wer in welcher Zeit und aus welchem Anlass die mächtige Wehranlage begründete, von der heute nur noch ein kleiner Teil zu sehen ist, hat sich indessen im Schleier der Jahrhunderte verloren. Auch fünf Jahre archäologischer Lehrgrabungen des Vorgeschichtlichen Seminars der Philipps Universität Marburg in der Verantwortung von Prof. Dr. Felix Teichner konnten diese Frage seit 2013 letztlich noch nicht klären. Sicherlich ist die heutige Anlage in der Zeit der Staufer entstanden. Das belegen Münzfunde aus dieser Zeit. So wurde ein Denar mit der Aufschrift „Calsmunt" gefunden, der einen Mann mit Krone auf einem faltbaren Thron zeigt, Zepter und Palmzweig in den Händen. Numismatiker datieren ihn in die zweite Hälfte des 12. Jahrhunderts.

Als Erbauer der Burg kommt damit recht wahrscheinlich Staufer-Kaiser Friedrich I. infrage, der kurz nach seinem Tod den Beinamen „Rotbart" – Barbarossa – erhielt. Von 1155 bis zu seinem Tod auf einem Kreuzzug in den Fluten des Saleph in Kleinasien im Jahr 1190 war Friedrich Kaiser des Heiligen Römischen Reiches deutscher Nation. Auch an anderen Stellen ließ er Reichsburgen errichten, um den königlichen Besitz zu schützen. Da Friedrich – wie noch zu berichten sein wird – 1180 der Stadt Wetzlar umfangreiche Privilegien verlieh und zudem hier Münzen des Reiches prägen ließ, ist es sehr wahrscheinlich, dass dies mit einer entsprechenden Burganlage abgesichert wurde.

So entstand ein typisch staufischer Donjon als Burgturm mit einer quadratischen Seitenlänge von zwölf Metern und einer imposanten Höhe von 18 Metern als Ausguck und letzte Zufluchtsstätte für die Burgbesatzung. Sogar einen Kamin hatte man so geschickt angelegt, dass er die Be-

Vom Kalsmunt ließen sich Wetzlar und 200 Quadratkilometer Umland kontrollieren.

Der Kalsmunt erhebt sich etwa 90 Meter über der Lahn – strategisch ideal gelegen für eine Reichsburg über der wichtigen Furt.

Zeit schon entstandene Stadt lange Zeit parallel nebeneinander. Auf der Burg sorgten mehrere Familien im Auftrag des Reichs gleichzeitig für Erhaltung und Betrieb der Anlagen. Auf Kontroversen mit ihrer Nachbarschaft waren sie nicht aus. So versprachen die Burgleute 1285 der Stadtspitze, sie würden künftig keinen Feinden Wetzlars Schutz hinter ihren Mauern gewähren. Aus dieser Gesinnung heraus musste die Burgbesatzung nie eine Belagerung überstehen. Als nach mehreren Wendungen das Haus Nassau-Weiburg in ihren Besitz gelangte, wurde der Kalsmunt allerdings mehrfach verpfändet. Als Landgraf Philipp der Großmütige von Hessen schließlich 1536 die Burg in einem Gebietstausch übernahm, war sie militärisch bedeutungslos geworden. Die Idee, sie noch einmal zu ertüchtigen und neu zu bauen, wurde schließlich im 18. Jahrhundert wegen der hohen Kosten verworfen.

Als letzte Eigentümerin übernahm 1803 die Stadt Wetzlar das Gelände. Viel damit anzufangen wusste sie indessen nicht. Zwar unternahm der Heimatforscher Carl Metz zwischen den beiden Weltkriegen erste archäologische Grabungen. Auch wurde an einigen Stellen das Mauerwerk ausgebessert. Der Turm bekam ein Treppenhaus und eine Aussichtsterrasse. Dem grundsätzlichen Verfall hingegen setzte die Stadt nichts entgegen und investierte zum Hessentag 2012 lieber in andere Projekte. Erst mit den jüngsten Ausgrabungen ist der Kalsmunt wieder ins Blickfeld gerückt und harrt einer umfassenden Restaurierung. Für Überraschungen bleibt die Burg gut. 2016 stießen Studierende im Boden der Kapelle unterhalb des Turms auf ein Skelett, das sie einem früheren Burgkaplan zuordnen. Warum sie es liebevoll auf den Namen Mechthild tauften, bleibt ihr Geheimnis.

satzung auf dem umlaufenden Wehrgang nicht behinderte. Umgeben war der Wehrturm mit zwei massiven Mauerringen, von denen nur einer dem Zahn der Zeit gut sichtbar getrotzt hat. Das bekannte Tor, durch das man heute den Kalsmunt betritt, führt mithin nur in den inneren Burgbereich hinein. Einige Reste des äußeren Rings wurden bei der Grabungskampagne 2017 freigelegt und vom Förderverein Kalsmunt auf einer kurzen Strecke auch teilweise rekonstruiert. Auch der Eingang in den Turm sollte nicht verwundern. Er wurde erst im 19. Jahrhundert ins Mauerwerk gebrochen, um die Besichtigung zu erleichtern. Ursprünglich musste man über eine Treppe oder Leiter durch eine höher gelegene Pforte in den Bergfried schlüpfen.

Vor allem der ungewöhnliche Name der Reichsburg hat seit Jahrhunderten Spekulationen darüber ausgelöst, ob es nicht Vorgängerbauten auf dem unbewaldeten Felssporn gegeben haben könnte. Schon 1664 hatte J. P. Chelius in seiner „Kurzen Beschreibung der Stadt Wetzlar" gemutmaßt, Karl der Große könnte die Burg um das Jahr seiner Kaiserkrönung 800 n. Chr. angelegt haben lassen. Tatsächlich hatte Karl das Frankenreich stark ausgeweitet und mit Burgen und Pfalzen abzusichern versucht. Und klingt Calsmunt nicht tatsächlich wie eine Trivialisierung von carolus mons – Karls Berg? Andere sehen den Ursprung des Namens eher im Keltischen. Hier käme eine Ableitung aus den Worten kalet und min(j)o infrage, die übersetzt etwa kahler oder harter (Basalt-)Berg bedeuten. Da schriftliche Quellen aus dieser Zeit fehlen, bleiben alle Aussagen dazu wohl spekulativ.

Die erste gesicherte Überlieferung sprach dann im Jahr 1226 von einem Winterus von Kalsmunt. Spätestens jetzt war die Burg damit offensichtlich eine nachvollziehbare Wohnsitzangabe. Tatsächlich existierten die Burg und die zu dieser

Nachdem die Stadt die Burgruine 1803 übernommen hatte, baute sie den Donjon zum Aussichtspunkt aus.

5000 v. Chr.
500 v. Chr.
4 v. Chr.
800
832
897
1180
1250
1285
1318
1349
1422
1525
1689
1731
1772
1796
1815
1841
1849
1862
1869
1883
1887
1903

WETZLAR IM WANDEL DER ZEIT

832 | Erste Erwähnungen

Wetzlar in den Akten

Da Wetzlar nicht römischen Ursprungs ist und damit nicht gezielt gegründet wurde, liegen seine Ursprünge in der schriftlosen Zeit bis heute im Dunkeln. Nur Randbemerkungen geben Hinweise darauf, wann das Herz der Stadt zu schlagen begann. Doch selbst die wenigen Hinweise sind mit Vorsicht zu genießen

Dass in fränkischer Zeit bereits Menschen am wichtigen Lahnübergang an der Hohen Straße von Frankfurt nach Köln an der Kreuzung mit der Weinstraße zwischen Mainz und Bremen unterhalb des Kalsmunt gesiedelt haben, ist aus Bodenfunden inzwischen zweifelsfrei belegt. Archäologen konnten Scherben aus dem Boden des Domhügels bis in die Zeit Karls des Großen und seiner Nachfolger zurückdatieren. Fränkische Handwerker und irische Missionare dürften sich hier mit der lokalen Bevölkerung vermischt und in kleinen Dörfern niedergelassen haben. Der Flecken an der wichtigen Heerstraße, die das noch dünn besiedelte Land erst regierbar machte, war strategisch sogar so wichtig, dass er als Krongut direkt den fränkischen Königen unterstand. Der Fron- oder Salhof dazu dürfte dort gelegen haben, wo heute die Hofstatt zu finden ist. Eine Straßenfestung sicherte möglicherweise die Furt durch die Lahn. Händler ließen sich nieder, Schenken und Gasthäuser empfingen Reisende. Bald boten erste Handwerker wie Müller, Bäcker oder ein Schmied ihre Dienste an. So könnte alles begonnen haben.

Trotzdem ist es natürlich unbefriedigend, dass die fränkischen Verwalter und die geistlichen Missionare im Unterschied etwa zu den Römern in ihrem Reichsterritorium keine schriftlichen Unterlagen ihrer Verwaltungstätigkeit hinterlassen haben. Sonst wäre viel leichter zu erahnen, wann aus einer Ansammlung von ein paar Häusern und Hütten ein städtisches Gefüge erwuchs, das sich zunehmend vom umgebenen Land abgrenzte. Spezialisierte Handwerker, ein Markt und administrative Funktionen kennzeichnen häufig die erste Stufe der Stadtwerdung, bevor ein Gemeinwesen sich selbst als Einheit definiert und damit ein Eigenleben beginnt. Erst wenn eine Stadt selbst als Akteur auf der Bildfläche erscheint, hat sie die Chance, bewusste Spuren in Urkunden, Briefen oder Annalen zu hinterlassen. Es sind mithin eher Zufälle, die der Nachwelt kleine Puzzleteile in der Gründungsgeschichte mittelalterlicher Stadtgründungen offenlegen. Ein solcher indirekter Hinweis wird heute im Hessischen Staatsarchiv Darmstadt aufbewahrt. Erzbischof Albaro von Trier überträgt in der Urkunde aus dem Jahr 1142 dem Augustinerkloster Schiffenburg die Seelsorge über einige Dörfer, wie Watzenborn, Erlebach und Garbenteich. Taufen und Begräbnisse sollen in der zum Kloster gehörenden Kirche in „villa Girmize juxta Witflariam" stattfinden – also im Dorf Girmes nahe Wetzlar. Wetzlar muss also zu dieser Zeit schon ein markanter Orientierungspunkt weit über die engen regionalen Grenzen hinweg gewesen sein. Dafür spricht auch, dass schon seit 897 eine Salvatorkirche weithin sichtbar auf dem Domhügel gestanden haben soll.

Da ist es fast verwunderlich, dass diese markante Siedlung sich bis ins Hochmittelalter nicht in den Quellen findet. Vielleicht hat man sie aber auch falsch gelesen. Eine andere Quelle ist im Bayrischen Staatsarchiv Würzburg unter der Signatur „Mainzer Bücher verschiedenen Inhalts Nr. 72" katalogisiert. Es handelt sich dabei, neben einer Abhandlung zur Klostergeschichte, um eine Sammlung von 3800 alten Urkunden, die Benediktinermönche in der Reichsabtei Lorsch in den Jahren 1170 bis 1195 in einer unglaublichen Fleißarbeit angefertigt haben. Viele Ortsnamen, wie Girmes, Nauborn, Garbenheim oder Umbach aus der Gegend rund um Wetzlar tauchen in den Stiftungsurkunden erstmalig auf. Trotz aller Kopierfehler ist dieser Lorscher Codex somit ein Geschenk für die Nachwelt, denn die Originale sind längst verschollen.

Gestiftet worden war das Kloster an der Bergstraße 764 von Graf Cancor und seiner Mutter Williswinda aus der Familie der Rupertiner. Dieselben Adeligen herrschten als Grafen im Lehnsverhältnis zum fränkischen König Pippin über das Land rund um Wetzlar. So nimmt es nicht Wunder, dass in den folgenden Jahrhunderten viele gottesfürchtige Menschen aus der Region mehr oder weniger freien Herzens, dem Kloster Lorsch ihre Ländereien schenkten oder vererbten – in der Hoffnung auf jenseitiges Seelenheil. Zu

diesen Leuten gehörte auch ein uns nicht näher bekannter, aber offensichtlich recht wohlhabender Ingolt aus dem Dorf Selters. Wie der Urkunde 3146 zu entnehmen ist, vermachte Ingolt am 24. September im Regierungsjahr 19 von Kaiser Ludwig (dem Frommen) – das ergibt das Jahr 832 – seinen Grundbesitz im Lahngau dem Kloster. „Es ist mein Wille, dass meine Gabe für ewige Zeiten dargereicht sei, und ich bestätige, dass sie durchaus freiwillig geboten wurde", vermerkte das Dokument und sollte den Konvent vor jeder Form von Rückgabeansprüchen seitens der Erben schützen. Wie freiwillig die Stiftung tatsächlich gewesen sein mag, muss dahingestellt bleiben. Allerdings ist es unwahrscheinlich, dass der Stifter überhaupt selbst lesen und schreiben konnte.

Wetzlar – eine Stadt mit vielen Namen.

Jedenfalls gehörten zu den benannten Ländereien auch „eine Hofreite und dreißig Morgen Land" in „Weftifa". Gängige Deutung ist es, dass es sich hierbei um das heutige Niederwetz, südlich der Stadt am Wetzbach, gehandelt haben dürfte. Zwingend ist das nicht. Man muss dazu wissen, dass es bis weit in die Neuzeit hinein keine verbindlichen Schreibweisen gab. Personen oder Ortsnamen wurden je nach Herkunft des Schreibers und Hörensagen oft ganz unterschiedlich geschrieben. So finden sich in frühen Überlieferungen die Schreibweisen Weftifa, Wettifa, Wetflaria/Witflaria, Wephlaria, Wetflariensis und Wecflar. Und auch bei den Abschriften im Lorscher Codex, die von den Mönchen chronologisch und nach Gauen neu geordnet wurden, schlichen sich leicht Kopierfehler ein, die die Zuordnung heute erheblich erschweren. Es könnte sich bei dem Weftifa im Jahr 832 also auch um die Siedlung Wetzlar handeln.

Näher geographisch bestimmt ist die Angabe jedenfalls nicht. Nur die Endsilbe -lar lässt sich ziemlich eindeutig auf das keltische Wort für Hindernis – also womöglich eine Befestigung – zurückführen, was zu einer fränkischen Straßenburg an der Lahn-Furt passen würde. Letztlich muss die Stadt wohl auf eine offizielle Gründungsurkunde verzichten. Sie tut stattdessen gut daran, sich auf die Privilegien zu beziehen, die ihr Kaiser Friedrich Barbarossa 1180 verlieh. Spätestens zu diesem Zeitpunkt war Wetzlar unstreitig eine Stadt von nennenswerter Bedeutung.

897 | Wetzlarer Dom

Udo geht stiften

Im Wetzlarer Dom sind 1100 Jahre bewegte Kirchengeschichte in Stein verewigt. Zwar war er nicht der erste Kirchenbau der Stadt, aber schon bald der wichtigste. Dabei blieb der gotische Neubau bis heute ein unvollendetes Provisorium mit vielen Wunderlichkeiten im Detail

Dass der Wetzlarer Dom ein ganz besonderer Sakralbau ist, sieht man auf den ersten Blick. Zuerst springt der mächtige gotische Turm ins Auge. Im Abendlicht leuchtet der rote Sandstein wie eine Fackel hoch über der Stadt, auch wenn er in Wahrheit heute nur noch das siebthöchste Gebäude der Innenstadt ist. Doch wo üblicherweise der zweite Turm der Westfassade wäre, klafft ein Loch. Hier steht ein graues Türmchen im romanischen Stil, das mit seinem Helm an Kirchenbauten der byzantinischen Ostkirche erinnert. Und so geht es weiter: Ein hochgotischer Chor im Osten grenzt ziemlich abrupt an die Westfassade aus der Spätgotik, die ebenfalls unvollendet blieb. Die Kirche ist damit nicht nur ein Symbol der Hybris einer zu großspurig gewordenen Stadt, sondern heute auch ein ziemlich originelles Lehrbeispiel in mittelalterlicher Architekturkunde.

Auch wenn die Kirche heute die Stadt weithin dominiert, ist sie allerdings keineswegs der Ursprungsort christlichen Glaubens in Wetzlar. Wohl nach der Zeit der Völkerwanderung, als aus den Resten des Römischen Imperiums sich allmählich das merowingische und fränkische Reich formte, kamen Missionare auch Lahn-aufwärts. Ihre Tätigkeit folgte nicht nur religiöser Motivation. Die Kirche fungierte zu jener Zeit auch als Ordnungsmacht, um die weltliche Kontrolle zu festigen. Ihr Führungspersonal rekrutierte sich aus denselben Familien wie der weltliche Adel und blieb mit diesen in gemeinsamen Interessen eng verbandelt.

Links: Eine Tür des 1945 zerstörten Lettners aus dem 14. Jahrhundert blieb erhalten. Heute hängt sie im Stadtmuseum.
Rechts: Mit der riesigen Hallenkirche hatten Stiftsherren und Stadtväter sich finanziell übernommen. Trotzdem prägt der Dom heute Wetzlars Altstadt.

20 WETZLAR IM WANDEL DER ZEIT

Trotzdem darf man nicht davon ausgehen, dass die einheimische Bevölkerung sofort geschlossen zum neuen Glauben übertrat. Zunächst waren es wohl die Eliten, die sich vom Christentum Vorteile für ihre Position versprachen und konvertierten. Heidnische Bräuche und Traditionen werden sich – ob offen gezeigt oder im Verborgenen – gerade in der einfachen Bevölkerung noch lange parallel gehalten haben. Lieber ging man in Fragen des Jenseits' auf Nummer sicher und fuhr mehrgleisig. Dafür spricht beispielhaft ein Grab aus fränkischer Zeit in Naunheim. Noch im 6. Jahrhundert hatten die Angehörigen dem Toten eine Goldmünze auf die Zunge gelegt. Hiermit sollte er nach tradierter Vorstellung seine Reise in die Unterwelt bezahlen.

Der erste schriftliche Beleg für eine Kirche auf Wetzlarer Stadtgebiet stammt aus dem heutigen Stadtteil Nauborn. Aus einer Urkunde von 778 ist dort eine Basilika bekannt, die eine gewisse Frau Theutbirg dem Kloster Lorsch „in loco qui dicitur Nivora" – einem Ort, der sich Nivora nennt – stiftete. Tatsächlich dürfte 778 aber nicht das Stiftungsjahr sein. Denn die Mauerreste, die 1927 entdeckt wurden, deuten auf einen deutlich älteren Bau hin.

Auch wenn die Mission ins Lahntal seit jeher vom Rhein im Westen kam und der Lahngau zum Erzbistum Trier gehörte, weihte am 6. Oktober 897, so ist es überliefert, der Bischof von Würzburg, Rudolf I. eine Erlöserkirche auf dem heutigen Domhügel im Zentrum der späteren Stadt. Offensichtlich war das eine Machtdemonstration. Rudolfs Bruder Gebhard war womöglich eben erst Graf im oberen Lahngau geworden. Beide stammten aus einer der einflussreichsten Familien des Reiches. Sie waren die einzigen Verwandten von Kaiser Arnulf und seinem Nachfolger Ludwig dem Kind. Und sie hatten den Ort bewusst gewählt. Denn es hatte bereits vorher eine kleine Kirche an dieser exponierten Stelle gegeben.

Gebhards Sohn Udo I. von der Wetterau und der Herzog von Schwaben Herrmann III. stifteten

Die Südwestseite des Doms ist keineswegs eine Ruine, sondern das unfertig gebliebene Westwerk der gotischen Hallenkirche.

5000 v. Chr.
500 v. Chr.
4 v. Chr.
800
832
897
1180
1250
1285
1318
1349
1422
1525
1689
1731
1772
1796
1815
1841
1849
1862
1869
1883
1887
1903
1914
1922

Die himmelstrebende Hochgotik im Innenraum wurde nicht vollendet. Die kleinen Fester rechts sind die Folge davon.

dann wenig später im frühen 10. Jahrhundert ein Kollegiatsstift zu Ehren der heiligen Gottesmutter Maria. Das mag ihrer religiösen Überzeugung entsprungen sein, hatte aber sicher auch ordnungspolitische Funktionen in der noch dünn besiedelten Region. Eine solche Institution darf man nicht mit einem Kloster verwechseln. Zwar sind die Stifts- oder Chorherren auch für die Gottesdienste in der Kirche zuständig und treffen sich zum Stundengebet. Aber sie treten der Gemeinschaft nicht mit einem Gelübde bei und behalten ihr eigenes Vermögen. So ist ein Stift, das sich aus den Erträgen seiner häufig ausgedehnten Ländereien und den Abgaben seiner Lehnsleute finanziert, oftmals auch eine gute Einkommensquelle für Söhne von Adeligen, die es nach eigenem Wunsch auch jederzeit wieder verlassen können. Als reichsunmittelbares Stift, das keinem Landesherrn unterstand, war das Marienstift zudem besonders attraktiv.

Allerdings brauchte eine derart hervorgehobene Institution mit wachsender Bedeutung auch eine repräsentative Stiftskirche. Wiederholt wurde die Salvatorkirche deshalb umgebaut. Im späten 12. Jahrhundert entschloss man sich dann zu einem Neubau. Auf dem alten Grundriss wurde erneut eine romanische Basilika hochgezogen. Komisch daran: Die Westfassade mit den beiden Türmen stand zwei Meter vor dem eigentlichen Ende des Langhauses. Tritt man im Rahmen einer Führung durch das Gittertor im unvollendeten Turmportal, so kann man einen Teil der alten Fassade noch sehen. Neben dem sogenannten Heidenportal steht bis heute der alte romanische Nordturm, der mit seiner Höhe von fast 30 Metern im 12. Jahrhundert bestimmt einigen Eindruck erweckt hat.

Trotzdem reichte den Stiftsherren und der zu einigem Reichtum gekommenen Stadt rund um den Stiftsbezirk das bald nicht mehr. Nur ein halbes Jahrhundert nach dem spätromanischen Bau wollte man etwas komplett Neues. Im Westen, vor allem in Frankreich, war ein neuer Baustil in Mode gekommen und hatte sich rasch verbreitet – die Gotik mit ihren himmelstürmenden Bauten und hohen Spitzbogenfenstern.

So etwas wollte man in Wetzlar auch und begann ab 1230 mit einem weiteren Neubau. Aus Platzmangel in der engen Stadt, die wie andere im Mittelalter mit ihrer Befestigung nicht dynamisch wachsen konnte, wurde der Neubau stets im laufenden Betrieb hochgezogen. Man riss zunächst den alten Chor im Osten ab und schuf einen neuen Hochchor mit angegliederten Seitenkapellen für die Muttergottes und den heiligen Stephanus. Nach zwei Jahrzehnten weitgehender Handarbeit stand das mächtige Südportal, zum Ende des Jahrhunderts dann das nördliche Seitenschiff. Dann ging es an die Westfassade, die von zwei jeweils 50 Meter hohen Türmen überragt werden sollte. Doch nach vielen schwierigen Jahren ging spätestens 1377 – wie zu berichten sein wird – endgültig das Geld aus.

In den Folgejahren ließ das Interesse an dem Riesenbau deutlich nach. Die Kanoniker folgten mehr ihren eigenen Interessen, so dass sie 1433 schließlich in einer neuen Stiftsordnung im Auftrag des Trierer Erzbischofs zu mehr Disziplin und Demut verpflichtet wurden. Da sich die wirtschaftliche Lage Wetzlars dauerhaft eingetrübt hatte, waren viele Mühen und zahllose Neuanläufe nötig, bis 1490 endlich zumindest der Südturm stand – 160 Jahre nach Baubeginn. Für viel mehr hat es dann aber nicht gereicht – und nur wenige Jahre später hatte die Heilige Mutter Kirche erst einmal ganz andere Probleme. Anders als in Köln, wo jahrhundertelang ein Baukran auf dem Dom die Stadtsilhouette geprägt hatte, entschloss man sich in Wetzlar im 19. Jahrhundert, diese Scharte bewusst nicht auszuwetzen.

Links: Wie eine rote Fackel leuchtet der Südturm des Doms im Abendlicht über der Altstadt.
Rechts: Das Heidenportal stammt noch von der romanischen Vorgängerkirche.

5000 v. Chr.
500 v. Chr.
4 v. Chr.
800
832
897
1180
1250
1285
1318
1349
1422
1525
1689
1731
1772
1796
1815
1841
1849
1862
1869
1883
1887
1903
1914
1922

WETZLAR IM WANDEL DER ZEIT 23

1180 | Privilegien für Wetzlar

Rotbarts Gunstbeweis

Im Oktober 1260 einigten sich die Bürger Wetzlars auf eine erste Stadtverfassung. Das wertvolle Pergament ist bis heute erhalten.

Wetzlar – hier der Kornmarkt – war im 12. Jahrhundert zur Handelsstadt herangewachsen. Das Zollprivileg für seine Händler mehrte den Reichtum.

Dienstag ein ziemlich guter Tag für die wachsende Stadt. Denn was Friedrich I. – Rotbart – Barbarossa unter diesem Datum in der gar nicht so fernen Kaiserpfalz Gelnhausen einem seiner Kanzleischreiber in die Feder diktierte oder diktieren ließ, brachte Wetzlar nicht nur günstige Steuer- und Handelskonditionen. Es begründete mit der Zeit auch ihren Status als Freie Reichsstadt, die in ihren Belangen – ohne den Widerspruch eigensinniger Landesherrn fürchten zu müssen – frei schalten und walten konnte, wie sie wollte. Reichsunmittelbar hieß theoretisch: Man unterstand nur dem Kaiser. Das machte sich in Kriegszeiten bemerkbar, wenn der zu den Waffen rief. Ansonsten waren die Reisekaiser des Mittelalters meistens weit weg und überließen die Reichsstädte de facto somit einer ziemlich freien Selbstverwaltung.

Aufblühende Wirtschaft, wachsender Handel und die Binnenkolonisation im Reichsgebiet ließen die Bevölkerung wachsen. Das 12. und 13. Jahrhundert waren die große Zeit der Stadtgründungen. Damit versuchten insbesondere die Staufer-Kaiser ihren Einfluss im Reich zu sichern. Friedrich I. Barbarossa lag viel an der Wetterau als Reichsland. Das ließ er sich einiges kosten

Ob der 1. April 1180 tatsächlich die große Wende in der Geschichte Wetzlars brachte oder nur geltendes Recht unterstrich, ist aus heutiger Sicht eine akademische Frage. Jedenfalls war dieser Konkret legte Friedrich für seine burgenses von Weteflare vor allem einheitliche und verbindliche Konditionen fest, wie und zu welchem Preis sie an Grundeigentum aus dem Reichsbesitz kommen konnten. Vier Pfennige Grundsteuer waren im Jahr für eine Hofstätte fällig – alle anderen Abgaben entfielen. Auch konnte das Grundstück problemlos vererbt oder verkauft werden. Dann sollten allerdings einmalig zwölf Pfennige für die Umschreibung in die kaiserliche Schatulle fließen.

Leider ist nichts über das Zustandekommen der Privilegien bekannt. Hatten die Bürger selbst – unter Berufung auf „althergebrachtes Recht" – wie es in der Urkunde bewusst heißt, um eine Bestätigung gebeten, als der Kaiser einmal in der Nähe war. Friedrich ließ zu dieser Zeit die Reichsburg Kalsmunt ausbauen. Gut möglich, dass die klugen Köpfe in Wetzlar hierin eine gute Gelegenheit sahen, sich vor einer Einflussnahme des Stifts oder benachbarter Adeliger zu schützen. Ob die Rechte tatsächlich vorher bereits bestanden hatten, ist allerdings fraglich. Oft wurden im Mittelalter frühere Bezüge schlicht erfunden, um die eigene Rechtsposition zu stärken. Selbst die Echtheit von Urkunden ließ sich kaum abschließend bewerten. Immerhin blieb die Urkunde von 1180 bis in die Neuzeit erhalten, so dass uns glaubwürdige Abschriften vorliegen. Seit rund 200 Jahren ist sie verschollen.

Jedenfalls waren die Privilegien eine exzellente Grundlage zur Entwicklung einer stabilen Stadtgesellschaft, denn sie sicherten Familien bestehenden Besitz und machten Investitionen in Häuser, Werkstätten oder Lagerräume kalkulierbar und zukunftssicher. Ganz anders erging es schließlich beispielsweise selbst freien Bauern auf dem Land, die ihrem Lehnsherren – sei es ein Adliger oder ein Kloster – oft diverse horrende Abgaben und Dienste zu leisten hatten. Da war der – übrigens bereits rein geldwirtschaftlich abgewickelte – Grundzins eine überschaubare Sache.

Und Friedrich tat noch mehr. Offenbar hatte er vor allem die wohlhabend und einflussreich gewordene Kaste der Fernhändler im Sinn, als er im letzten Satz des Dokuments diesen „beim Hin- und Herziehen mit ihren Waren dasselbe Recht und dieselben Freiheiten" gewährte wie den Leuten in Frankfurt. In einem Zug genannt zu werden mit der wichtigen und florierenden Messestadt, in der nebenbei auch die Kaiser gewählt wurden, dürfte einem Ritterschlag für die Wetzlarer Kaufleute gleichgekommen sein. Angesichts unsicherer Zeiten auf den Handelsstraßen und Wasserwegen war ein kaiserlicher Schutzbrief Gold wert – und die Befreiung von den vielen Zöllen in jedem Territorium sowieso. Die Regelungen in dem Dokument von 1180 waren jedenfalls so weitreichend, dass sie in der Folge als Beginn der Reichsstadtzeit bewertet wurden. Formell verliehen wurde dieser Titel indes noch nicht.

Wie tonangebend die Fernhändler mit ihren Beziehungen und entsprechenden Profiten in der entstehenden Stadtgesellschaft bald geworden sein müssen, zeigt ein weiteres Dokument, das 80 Jahre später in der Stadt Wetzlar unterzeichnet wurde. Erstmals gab sich die Stadt eine eigene schriftliche Ordnung, wie sie künftig regiert werden sollte. Auch wenn dieses Dokument die Verhältnisse nur grob codifizierte, kann man dennoch von einer ersten Stadtverfassung sprechen, wie sie damals übrigens vielerorts in Mode kam. Der Anlass war ein eher unerfreulicher. Schon wenige Jahrzehnte nach Rotbarts Gunstbeweis ist in der Stadt ein Kollegium aus zwölf Schöffen aktenkundig. Zusammen mit dem vom Kaiser eingesetzten Vogt auf der Reichsburg und dem vom Marienstift benannten Schultheiß vertraten sie die Stadt einerseits nach außen in Rechtsgeschäften und sprachen andererseits auch über die Bürger Recht. Diese eigene Gerichtsbarkeit war ein wesentliches Merkmal freier Städte, das auch einen Auslieferungsschutz für eigene Bürger beinhaltete. Da die attraktiven Bedingungen zunehmend neue Einwohner in die Stadt lockten, konnte die Verwaltung bald nicht mehr einvernehmlich erfolgen. Die Schöffen übernehmen auch diese Aufgabe und sorgten dafür, dass sie alsbald de facto erblich wurde. So setzten sich die führenden Familien vom Rest der Einwohner ab und errichteten faktisch eine Oligarchie. Ein Phänomen, das man auch in anderen Handelsstädten wie Köln zur selben Zeit beobachten kann.

Mit dem Selbstverständnis der aufblühenden Gemeinwesen war das indessen auf Dauer nicht vereinbar. Es gab keine Ideen einer modernen Demokratie. Aber einige spezialisierte Handwerker hatten nach und nach ebenfalls erheblichen Reichtum angehäuft und verlangten nach politischer Mitsprache. Im Jahr 1260 ist es darüber offenbar zu erheblichem Streit gekommen, bei dem die Schöffen schon rein zahlenmäßig in der Minderheit waren. Am Ende einigten sich beide Parteien im Oktober auf einen Kompromiss. Die Vertreter der Ämter, später sprach man von Zünften, sollten einmal im Jahr einen ebenfalls zwölfköpfigen Rat wählen, dem die eigentliche Stadtverwaltung zufiel. Die Schöffen blieben für die Rechtsprechung zuständig. Fortan wurden alle Dokumente mit dem Nachsatz „Richter, Schöffen, Rat und alle Bürger der Stadt Wetzlar" ratifiziert. Die Großkaufleute allerdings gaben sich mit dem Ergebnis nicht geschlagen. Dass die Schöffengeschlechter alsbald versuchten, auch den Rat zu dominieren, sorgte in der Folge für weiteren Ärger.

Die Privilegien Friedrichs I. von 1180 sind heute nur noch in einer Abschrift aus dem 16./17. Jahrhundert überliefert.

Die vier Märkte – hier der Eisenmarkt – sprechen für die frühe Arbeitsteilung in der Stadtökonomie. Dabei verlangten bald auch die Handwerker nach politischem Einfluss.

WETZLAR IM WANDEL DER ZEIT

1250 | Stadtmauer und Lahnbrücke
Über sieben Bögen musst du geh'n

Eine Stadt ohne Grenzen ist im Mittelalter vielfältig bedroht. So machten sich auch Wetzlars Bürger an den Bau einer Stadtmauer, ohne dabei die Finanzen aus den Augen zu verlieren. Mit der Lahnbrücke schufen sie dagegen ein gleichermaßen praktisches wie eindrucksvolles Entree zur Stadt

Erfolg ruft Neider auf den Plan. Gerade weil Nachrichten im Mittelalter länger brauchten und damit beim Berichterstatter und seinen Zuhörern umso mehr an Wert gewannen, wurden viele Informationen im Laufe der Übertragung märchenhaft überhöht. Da wurde aus einer wohlhabenden Stadt in der Vorstellung mancher Zeitgenossen leicht eine ansehnliche Beute. Und da Fehden und Kriege im kleinräumig zersplitterten Reich stets viel Geld verschlangen, war der Landfrieden eine brüchige Sache.

So kam es, dass im Hohen Mittelalter zur arbeitsteiligen Gesellschaft und zum expandierenden Fernhandel eine scheinbar gegenläufige Tendenz aufkam: Man igelte sich ein. Landesherren, die um den Wohlstand ihrer Städte fürchteten, erlaubten den Bau von Mauern, Gräben, Türmen und Zinnen, auch wenn das ihrer freien Verfügung über die Städte womöglich Grenzen setzte. Ob die Stadt Wetzlar formal eine solche kaiserliche Erlaubnis einholte, ist nicht bekannt. Nachdem Friedrich I. 1180 die Rechtsverhältnisse zu Grund und Boden in der Stadt geregelt hatte, verging jedenfalls kein Menschenalter, bis die Bürger anfingen, ihren Besitz zu schützen. In der neuen Reichsstadt, die schon von ihrer Gründung als Handelsposten her weniger Beziehungen zum Umland hatte als andere Landstädte, war es umso leichter, den Siedlungskern von den umgebenden Ländereien und Allmenden zu trennen.

Am Anfang standen womöglich nur hölzerne Palisaden. Doch im 13. Jahrhundert legte man mit Steinen aus der Region richtig Hand an – und verbaute locker 17 000 Kubikmeter. Wer über die Alte Lahnbrücke in Richtung Altstadt spaziert, der kann am Mühlengraben noch ein Stück davon sehen, was damals entstanden ist. Aus Kostengründen haben spätere Generationen ihre Häuser hier direkt an die Stadtmauer gesetzt. So mussten sie nur drei Fassadenseiten errichten. Aber auch im Mittelalter war man findig. Massiv aufgemauert wurde nur stadtauswärts, um Angreifern ein unüberwindbares Hindernis zu präsentieren. Innen sparten Sparbögen im Wehrgang viel Mauerwerk ein und wurden mit

Erst als man im 19. Jahrhundert ein Loch in die Mauer nebenan schlug, um die Schweine hindurch auf die Weide zu treiben, wurde aus dem Schneiderturm der Säuturm.

Sieben steinerne Bögen überspannen die Lahn – mindestens seit 1288 – und seit 2011 wieder nur für Fußgänger und Radfahrer.

Erdreich verfüllt. Trotzdem war der Mauerbau eine konzertierte Aktion, die der entstehenden Stadtgesellschaft jahrzehntelang einerseits viele Ressourcen abverlangte, sie andererseits aber auch zusammenwachsen ließ. Am Ende stand ein beeindruckendes Gemeinschaftswerk von 1,7 Kilometern Länge, bis zu zehn Metern Höhe und einem bis zwei Metern Dicke, das für die Zukunft allerdings auch keine Ausweichflächen mehr zuließ.

Ein solches Bauwerk musste natürlich mit Leben erfüllt, sprich bemannt werden. Da für ausreichend hauptamtliche Wachen in der Stadt mit vielleicht 4000 oder 5000 Einwohnern das Geld fehlte, zwang diese Aufgabe zu penibler Organisation. Den verschiedenen Ämtern oder Zünften wurde jeweils ein Mauerabschnitt anvertraut, den sie zu bewachen und zu unterhalten hatten. So hieß einer der mächtigen Türme nach den Schneidern, die ihn bemannten. Erst als man im 19. Jahrhundert ein Loch in die Mauer nebenan schlug, um die Schweine hindurch auf die Weide zu treiben, wurde aus dem Schneiderturm der Säuturm.

Wie die Hülle um einen Zellkern trennte die Mauer fortan psychologisch wie real Stadt und Land. Viel besser ließ sich nun kontrollieren, wer kam und ging, was er mitbrachte – und was er fortschleppte. Nun galt auch das Gebot „Stadtluft macht frei", wonach Hörige nach einem Jahr in der Stadt nicht zu ihrem Lehnsherrn zurückkehren mussten. Das war dann auch eine gewisse Kompensation für das keineswegs anregende Odeur hinter den Mauern, wo sich fortan Unrat und Fäkalien von Mensch und Tier in den engen Gassen und Höfen noch stärker konzentrierten.

Die fünf Tore, die zum Schutz vor Angreifern in doppelter Ausführung gebaut worden waren, wurden derweil zu Katalysatoren städtischer Selbstverwaltung. Wenn sie morgens öffneten, wurden sie auch zu wichtigen Einnahmequellen der Stadt. Wer auf der Hohen Straße von Frankfurt in Richtung Köln reiste, der musste lange, unsichere Umwege in Kauf nehmen oder mitten durch die Stadt und durch das Obertor wieder hinaus – und war einen hübschen Teil seines Guts oder Geldes los.

Um den Warenverkehr zu erleichtern, war in der Vergangenheit wohl schon eine hölzerne Brückenkonstruktion über die Furt der Lahn geschlagen worden. Doch wie Bodenfunde nahelegen, ist der Fluss dann in der Mitte des 13. Jahrhunderts bei einem Hochwasser gewaltig angeschwollen. Gut möglich, dass er die erste Brücke mit sich riss. Auch vorher soll es schon Ideen für eine stabilere Querung gegeben haben. So nennen die Annalen des Klosters Altenberg den Priester Gottfried von Beselich, der angeblich schon vor 1180 Spenden für einen solchen Bau sammelte.

In die Tat umgesetzt wurde der Plan wohl erst, nachdem die Stadtbefestigung um 1250 nahezu abgeschlossen war. 1288 wird die fertige Brücke dann erstmalig erwähnt. Über sieben Bögen muss man geh'n, will man nun trockenen Fußes in die Stadt gelangen. Früher musste man zudem die Türme beiderseits der Brückenenden passieren, die allerdings im 19. Jahrhundert abgebrochen wurden. Als am Ausgang des Mittelalters die Kleine Eiszeit Mitteleuropa in lange, eisreiche Winter hüllte, wurden zudem Eisbrecher vor die Brückenpfeiler gebaut. Zu Fuß durch den eiskalten Fluss musste danach niemand mehr. Doch erst seit 2011 gehört die Brücke wieder allein den Fußgängern und Radfahrern.

Am Mühlengraben ist ein Teil der alten Stadtmauer stehen geblieben. Man hatte aus Platz- und Kostengründen von innen Häuser direkt angebaut.

5000 v. Chr.
500 v. Chr.
4 v. Chr.
800
832
897
1180
1250
1285
1318
1349
1422
1525
1689
1731
1772
1796
1815
1841
1849
1862
1869
1883
1887
1903
1914
1922
1932
1938

WETZLAR IM WANDEL DER ZEIT

1285 | Dietrich Holzschuh

Der falsche Friedrich

Volksfrömmigkeit und der Unmut über Steuererhöhungen beschworen im 13. Jahrhundert eine diplomatische Krise herauf. Die Episode um Dietrich Holzschuh oder Tile Kolup illustriert in vieler Hinsicht, wie schnell Fiktion zu Wahrheit werden kann

Hallo Herr Kaiser! Die Ansprache aus den langjährigen TV-Werbespots eines Versicherungskonzerns hatte in Wetzlar im Jahr des Herrn 1285 ihre ganz eigene Bewandtnis. Da zog ein alter Mann in die Stadt, der von Leichtgläubigen schon lange erwartet und darum nicht gleich als Hochstapler ausgepfiffen wurde. Mit einem kaiserlichen Siegel ausgestattet, gab dieser Herr sich als der vom Volk hoch verehrte Staufer-Kaiser Friedrich II. aus und hielt Hof. Zwar hatten die gebildeten Menschen in Wetzlar wie alle anderem im Reich gehört, Friedrich sei 1250 im Alter von 56 Jahren in Apulien verstorben – aber ganz sicher sein konnte man natürlich nicht.

Dass ein Hochstapler sich als Regent ausgab, war im Mittelalter keineswegs ein Einzelfall. Ähnliche Auftritte sind aus Sizilien, Lübeck, dem Elsass und von der Schwäbischen Alb überliefert. Anders als heute, wo Bilder und Aufzeichnungen tausendfach das Aussehen und Wirken staatlicher Funktionsträger dokumentieren und mithin ausreichend Vergleichsmaterial bieten, kannte das Volk seine Regenten fast ausschließlich vom Hörensagen. In beide Richtungen wurde wild übertrieben. Auch ihr Aussehen dürfte sich im Reise-Alltag nicht zu sehr von dem einfacher Menschen unterschieden haben. Deshalb kam Reichskleinodien wie Reichsapfel und Krone so große Bedeutung zu. Wer selbstbewusst genug auftrat und einige Formalien beachtete, konnte also durchaus eine Zeitlang erfolgreich Scharade spielen.

Dass der falsche Friedrich sich nicht als der aktuell regierende deutsche König Rudolf I. ausgab, hatte jedenfalls nichts damit zu tun, dass er ihm nicht hinreichend ähnlich sah. Vielmehr setzte der Hochstapler auf eine Figur, die längst als Lichtgestalt verehrt wurde. Das hatte mehrere Gründe. Einerseits war nach dem Tod Friedrichs II. in Deutschland eine Zeit schwacher Regenten angebrochen, die sich kaum gegen die Interessen der mächtigen Territorialfürsten behaupten konnten. Der Habsburger Rudolf hatte nach seiner Wahl 1273 dieses sogenannte Interregnum mit harter Hand beendet. Um seine Heerzüge zu finanzieren, brauchte er viel Geld und verlangte von den reich gewordenen Städten ohne große Rücksprache ultimativ höhere Steuern. Besonders beliebt machte er sich damit nicht. Rudolf hatte zudem unterschätzt, dass vor allem die freien Städte einen solchen Umgang nicht mehr gewohnt waren. Spätestens 1232 hatten sich die Städte der Wetterau, darunter auch Wetzlar, in einem ersten Bündnis gegenseitigen Beistand versichert. Zwei Jahrzehnte später sollte ein Bündnis zunächst von Mainz und Worms, dem bald die Wetterau-Städte beitraten, den Landfrieden zwischen den beteiligten Städten dauerhaft sichern. 1285 versicherten sich Frankfurt, Friedberg und

Viele Menschen des Mittelalters erwarteten die Rückkehr des Staufers Friedrich II. als Friedenskaiser. Abbildung aus seinem Buch De arte venandi cum avibus.

Vatikanische Apostolische Bibliothek, Rom (Wikimedia)

Was die Menschen unter Wetzlars Dächern vom vermeintlichen Kaiser Friedrich hielten, ist nicht überliefert. Als Rudolf I. nahte, ließen sie den Hochstapler jedenfalls schnell ergreifen.

Wetzlar erneut ihrer Bündnistreue, womöglich auch gegen Rudolf. Man ließ sich längst nicht mehr alles bieten – auch nicht vom König.

Zum anderen lebten die Menschen bis zum Ausgang des Mittelalters in einer vollkommen anderen Welt, die spirituell nur als Zwischenstufe bis zum Jüngsten Gericht verstanden wurde. Der Übergang ins Jenseits konnte jederzeit noch zu Lebzeiten beginnen. Römischen und jüdischen Traditionen folgend sollte ein Friedenskaiser – so glaubten viele – das Heilige Römische Reich deutscher Nation als Nachfolgestaat des Römischen Reiches über die ganze Welt ausdehnen und seine Herrschaft dann am Ölberg in Jerusalem niederlegen. Danach wäre mit der Herrschaft des Antichrist das Weltende gekommen. Herausragenden Persönlichkeiten wie Karl dem Großen,

Friedrich I. Barbarossa oder Friedrich II. wurde diese Leistung zugetraut – und immer wieder ihre Rückkehr prophezeit.

Einem möglichen Friedenskaiser wollte sich natürlich niemand entgegenstellen. Das mag erklären, warum der falsche Friedrich zunächst 1283 in Köln Furore machte. Das bekam ihm allerdings schlecht: Ungläubige Bürger tunkten ihn in eine Kloake und trieben ihn unter dem Gespött der Leute aus der Stadt. Anders in Neuss, wo man den wundersam wiedergekehrten Kaiser ein ganzes Jahr lang gewähren ließ, wohl auch weil er als Druckmittel für eigene Interessen gelegen kam. Immer wilder trieb der falsche Kaiser sein Spiel. Er empfing nicht nur Gesandte und Würdenträger und verschickte Briefe ins Reich. Schließlich kündigte er sogar sein Erscheinen auf

dem Reichstag in Frankfurt an, wo er Rudolf als illegitimen Herrscher vorladen wolle.

Schließlich kam Rudolf mit seinen Verbündeten ins Rheinland. Er konnte Neuss zunächst nicht erobern. Aber der falsche Kaiser wich dennoch aus in die Reichsstadt Wetzlar, die sich mit Frankfurt und Friedberg eben gegen die höheren Steuern ausgesprochen hatte. Hier setzte der Mann indessen auf die falsche Karte. Noch bevor Rudolf sich mit seinen Truppen in Richtung Wetterau wandte, akzeptierten die Wetzlarer Räte und Schöffen doch eine Einigung mit dem König. Eine Lichtgestalt ohne Truppen war ihnen offenbar keinen bewaffneten Konflikt wert. Stattdessen sollen die Wetzlarer den Unruhestifter an Rudolf ausgeliefert haben, der ihn wohl peinlich befragen und seinen wahren Namen Dietrich

Holzschuh oder Tile Kolup verraten ließ, bevor er als Ketzer verbrannt wurde. Dass die peinliche Episode in Wetzlarer Dokumenten keine Erwähnung fand, dürfte mithin nicht wundern, wollte die Stadt mit der Sache doch möglichst wenig zu tun haben. Bekannt ist nur, dass Rudolf bei seinem anschließenden Aufenthalt in der Stadt ein Urteil gegen die aufsässigen Neusser verhängte. So ist auch der Gedenkstein für Tile Kolup, den ein Wetzlarer Ehepaar 1787 auf seinem Kaisergrund verlegen ließ, kaum mehr als eine romantische Reminiszenz ohne historische Belege. Wenn überhaupt dürfte der Betrüger an der städtischen Richtstätte verbrannt worden sein. Seinen Namen Kaisergrund hatte der Platz an der heutigen Friedensstraße jedenfalls schlicht von einem früheren Besitzer – Herrn Kaiser.

WETZLAR IM WANDEL DER ZEIT

1318 | Märkte und Stadtleben
Zu Gallus auf dem Buttermarkt

Im Hochmittelalter bieten unterschiedlichste Handwerker ihre Dienste an und machen die Stadt zu einem attraktiven Handelsort. Die Zünfte werden in dieser Zeit zum Kern städtischer Ordnung. Und jedes Jahr nach der Ernte trifft man sich zum Jahrmarkt vor dem Dom

Es gibt ihn in Leer in Ostfriesland ebenso wie in Hartkirchen bei Passau, in Leutkirch im Allgäu und in Kandel in der Pfalz. Doch besonders beliebt war ein Markt zu Sankt Gallus in der Wetterau – etwa in Grünberg, Büdingen oder Wetzlar. 1318 hatte König Ludwig der Bayer der Stadt als Dank für ihre Unterstützung gegen den illegitim gekürten König Friedrich den Schönen aus dem Haus Habsburg das Recht eingeräumt, in der Woche nach dem Patronatsfest am 16. Oktober für acht Tage Jahrmarkt vor der Marienkirche auf dem Buttermarkt – dem heutigen Domplatz – zu halten. Für eine Stadt war so ein Markt eine besonders attraktive Angelegenheit: Einerseits vermehrte sich für die Bürger so das Angebot an Fernhandelswaren, die übers Jahr schwer zu beschaffen waren. Andererseits zog der Jahrmarkt mit seinen Marketendern, Schaustellern und Possenreißern viel Volk aus den umgebenden Dörfern in die Stadt, brachte Händlern und Handwerkern Einkünfte und dem Stadtsäckel ordentlich Zoll- und Steuereinnahmen. Auch der Unterhaltungswert war nicht zu unterschätzen. Neben Waren bereicherten oftmals auch reisende Musikanten, Wahrsager und Seilläufer das Angebot. Und auch viel Klatsch und Tratsch machten die Runde. Eine besondere Liebe für den irischen Einsiedler aus dem 7. Jahrhundert verband sich damit nicht: Kurz nach der Ernte, aber vor dem großen Frost, war der Zeitpunkt einfach ideal gewählt.

Der Gallusmarkt, der von der Stadt Wetzlar in der Neuzeit wiederbelebt wurde, war ein gutes Zeichen für den Wohlstand von Wetzlar im Hochmittelalter. Einen zweiten großen Markt gab es nach Pfingsten. Wie differenziert das Warenangebot in der Stadt war, die mit rund 6000 Einwohnern immerhin mehr als halb so viele Bewohner hatte wie Frankfurt am Main, verraten noch heute Straßennamen wie Brodschirm – hier verkauften die Bäcker ihre Waren – Gewandsgasse, Gürtlergasse, Schmiedgasse oder Schuhgasse. Dazu kamen die vier Marktplätze, die strikt nach Kategorien getrennt waren: Butter- und Fisch-, Korn- und Eisenmarkt. Die Trennung lässt vermuten, dass man durchaus bemüht war, gewisse Lebensmittel nicht zu vermengen. Dass Eisenwaren einen eigenen Verkaufsplatz besaßen, ist mit der großen Bedeutung der Verhüttung im Wetzlarer Raum leicht erklärt. An verschiedenen Stellen im Stadtgebiet wie in der heutigen Avignon-Anlage oder auf dem Kalsmunt sind aus dieser Zeit mittelalterliche Eisenminen dokumentiert. Nicht umsonst wurde die erste Seitenkapelle im Dom der Heiligen Barbara gewidmet – der Schutzpatronin der Bergleute.

Auch ein Kaufhaus gab es – ebenfalls ein Zugeständnis Ludwigs – ab 1330 an prominenter Stelle gegenüber dem Dom und dem ersten Rathaus der Stadt, das zusammen mit dem Amt des Bürgermeisters übrigens schon verhältnismäßig früh den Bürgerstolz der Stadtgesellschaft und deren hohen Organisationsgrad dokumentierte. Mit einem Warenhaus von heute hatte das Gebäude, in dem jetzt die Tourist-Info arbeitet, allerdings wenig gemeinsam. Hierhin mussten anreisende Händler ihre Waren liefern, um sie verzollen zu lassen. Das war ein umständliches Unterfangen, denn dazu wurde alles von städtischen Zollbe-

Auch ein Kaufhaus gab es ab 1330 an prominenter Stelle gegenüber dem Dom. Hier wurden alle Waren offiziell gewogen und verzollt. Heute hat dort die Tourist-Info ihren Sitz.

Viele Hauszeichen wie hier am Kornmarkt erleichterten im Mittelalter die Suche nach einer bestimmten Adresse.

amten Stück für Stück gewogen und bestimmt, je nach Warengruppe, mit unterschiedlichen Gewichten. Für die Tuchmacher, die in Wetzlar neben den Bergleuten und Hüttenarbeitern eine besonders große Gruppe ausmachten, gab es sogar ein eigenes lokales Maß – die Wetzlarer Elle. Sie hatte die Länge von zwei Schuhen (entspricht 57,6 cm). Die Vielzahl der verwendeten Maße und Münzen war für Händler ein ständiges Ärgernis, zwang zu umständlichem Umrechnen und bot viel Anlass zur Manipulation.

Wohl auch um die eigenen Interessen besser vertreten und etwas Ordnung in die Geschäfte bringen zu können, hatten sich die Handwerker auch in Wetzlar bereits frühzeitig in Ämtern organisiert. In der Stadt nannte man diese späteren Zünfte noch lange Handwerke. In einer Urkunde von 1357 werden immerhin fünf von ihnen genannt: Die Gewandmacher, die Brauer, Bäcker, Schuhmacher und Fleischer. Nicht umsonst haben die häufigsten deutschen Nachnamen ihren Ursprung übrigens in den populärsten Berufen des Mittelalters. 15 Jahre später hatten sich dann auch die Schneider und Schmiede zünftig organisiert.

Daneben boten, wie Wetzlars Stadtarchivarin Dr. Irene Jung zeitgenössischen Quellen entnommen hat, unter anderem auch Büttner, Dachdecker, Färber, Gerber, Glaser, Goldschmiede, Kürschner, Maurer, Messerschmiede, Sattler, Steinmetze und Zimmerleute ihre Dienste an und illustrieren eine hoch arbeitsteilige Produktionsgesellschaft. Sie schlossen sich aber nach Möglichkeit einer der genannten Zünfte an, die zur Grundlage der Stadtgesellschaft geworden waren. Dazu kamen die reich gewordenen Grundbesitzer, die von ihrem über Generationen angehäuften Vermögen und ihrer Handelstätigkeit lebten und als Schöffen politisch den Ton angaben. Wie wohlhabend die führenden Familien im Stadtkern lebten, lässt sich noch heute an etlichen Fachwerkhäusern erkennen. Das älteste aus dem Jahr 1356 steht am Brodschirm hinter dem Fischmarkt. Dabei trugen viele ein besonderes Zeichen wie die Sonne oder den Reichsapfel. Ohne Hausnummern war es sonst schließlich kaum möglich, eine Verabredung einzuhalten oder eine Lieferung zuzustellen.

Wer als Knecht, Magd, Handlanger oder Bettler sein karges Brot verdiente, der war in der Bürgerschaft hingegen überhaupt nicht repräsentiert und entsprechend geachtet. Das galt zumindest nach außen hin überwiegend auch für Frauen. Als Haushaltsvorstand verfügten diese allerdings über erheblichen Entscheidungsspielraum und oft vermutlich auch über beachtliches wirtschaftliches Verständnis. Das mag erklären, warum in der von Männer dominierten Gesellschaft in der städtischen Zollverwaltung auch Frauen tätig waren.

Das Haus zum Reichsapfel in der Engelsgasse gehörte einst der Brauerei-Familie Schäfer. Nachdem zwei Söhne nach New York emigriert waren, wollten ihre Nachkommen die Immobilie nachholen. Sie bekamen aber nur die Tür.

5000 v. Chr.
500 v. Chr.
4 v. Chr.
800
832
897
1180
1250
1285
1318
1349
1422
1525
1689
1731
1772
1796
1815
1841
1849
1862
1869
1883
1887
1903
1914
1922
1932
1938
1944
1945

WETZLAR IM WANDEL DER ZEIT

1349 | Fehden und die Pest

Blutige Zeiten

Wenn heute landläufig vom finsteren Mittelalter die Rede ist, dann bezieht sich das eigentlich immer auf dessen letzte 150 Jahre. Auch Wetzlar driftete im 14. Jahrhundert aus verschiedenen Ursachen ins Unglück – und konnte sich davon über Jahrhunderte nicht erholen

Anfang des 14. Jahrhunderts blickte Wetzlar in eine blühende Zukunft. Europa blieb zu dieser Zeit lange Jahrzehnte von einem großen Krieg verschont. Auch das Land war erschlossen und das Reisen durch Landfriedensbündnisse relativ sicher. Wurde ein Reisender dennoch überfallen, hatte er Anspruch auf Schadensersatz durch den Landesherren. Wetzlars Wollweber und Schmiede machten gute Geschäfte auf der Frankfurter Messe und erschlossen damit Absatzmärkte über die Region hinaus. Oft wurde ausgelassen gefeiert und die allgegenwärtige Furcht vor dem Tod trat in den Hintergrund. Mit 170 Reichsmark Steuern an den Kaiser schulterte Wetzlar im Verhältnis zu seiner Größe sogar einen höheren Beitrag als das aufstrebende Frankfurt mit 250 Reichsmark.

Dann liefen irgendwann in der zweiten Jahreshälfte 1349 erste Wetzlarer mit seltsamen Beulen an Kopf und Armen durch die Stadt. Plötzlich bekamen sie hohes Fieber und starke Schmerzen. Nach wenigen Tagen waren sie tot. Bald wurden es immer mehr. Besonders unheimlich: Vor allem Junge starben und mehr Männer als Frauen. Woher die „große Pestilenz" plötzlich kam, wusste im Grunde niemand. Man vermutete faule Winde aus Asien dahinter und lag damit zumindest geographisch richtig. Über die lukra-

Der Teufel mit einem Juden im Arm über dem Hauptportal des Doms entstand in dieser Form erst bei Restaurierungsarbeiten im Jahr 1903.

tiven Handelskontakte der Seidenstraße war der Pestfloh mit dem Bakterium Yersinia pestis als blinder Passagier nach Italien gereist und breitete sich über die allgegenwärtigen Ratten in wenigen Jahren aus. Im wohlhabenden Florenz brach alle Ordnung zusammen, als vier Fünftel der Einwohner starben. Auch beispielsweise Köln war schwer betroffen. Auf dem Höhepunkt der Seuche sollen dort jeden Tag 100 Tote vor den Häusern gelegen haben.

Wie viele Leben der Schwarze Tod in Wetzlar kostete, ist nicht überliefert. Weder wurden alle Einwohner registriert, noch Buch über die Toten geführt. Damals noch an der Hohen Straße zwischen Frankfurt und Köln liegend, hat die tückische Seuche die Stadt aber mit Sicherheit voll erwischt. Wie niedergedrückt die Stimmung gewesen sein muss, zeigt heute noch die wohl zwei Jahrzehnte später entstandene Muttergottes mit dem toten Jesus auf dem Schoß. Die Pieta ist das wertvollste Inventarstück des Doms. Der Schmerz ist beiden ins Gesicht geschrieben und sollte Gläubigen wohl auch Trost spenden. „Die Wunden sind so groß, dass die Menschen in Zeiten der Pest ihre Hände hineinlegen konnten", glaubt jedenfalls der katholische Priester Peter Kollas.

Familienbande, Treueschwüre – als die Pest kam, war alles vergessen. Wer konnte, rettete sich aufs Land, wo weniger Menschen lebten und der Tod nicht so präsent war. Jeder dachte zuerst an sich und trug den Erreger damit oft unbewusst weiter. Auch das Hospital vor den Toren der Stadt, das ab 1262 bekannt ist, half nicht weiter. Es war damals mehr Wohnstätte für die Mittellosen und Alten und keine Anstalt der Krankenpflege. Nur einige Orden wie die Franziskaner, die ab 1260 barfuß in der Stadt wirkten, erkannten in der Fürsorge für die Kranken ein gutes Werk zu Gottes Wohlgefallen. Manche Pfleger und Ärzte schnitten den Erkrankten frühzeitig die Eiterbeulen auf und reinigten sie mit Essigwasser, um das Leiden zu mindern. Einige Befallene wurden danach tatsächlich wieder gesund. Doch diese Maßnahmen wurden nicht systematisch angewandt. Die Kapazitäten jener Zeit tappten nicht nur in Wetzlar schlicht im Dunkeln. In Paris schoben führende Mediziner die Pest in einem Gutachten für den König auf eine ungünstige Planetenkonstellation. Schon 15 Jahre zuvor hatte Wetzlar in einen Abgrund geblickt. Bei einem Großbrand wurden 1334 offenbar weite Teile der Unterstadt zerstört. Enge Gassen, Fachwerk und Dächer aus Reed oder Stroh waren dafür geradezu prädestiniert. Blitzschläge oder Brandbomben bei einer der Belagerungen konnten schnell ein Inferno auslösen. Und eine organisierte Feuerwehr war ebenfalls noch Zukunftsmusik. Mit Abbildungen von Feuerböcken an den Fassaden versuchten viele abergläubische Hausbesitzer ihr neu gebautes Eigentum später vor einem neuerlichen Brand zu schützen. Wie groß das Ausmaß des Schadens war, muss indessen offen bleiben. Zwar erwirkte der Rat im August 1334 bei Kaiser Ludwig IV. einen Steuerdispens für zehn Jahre. Bisweilen wurde das Ausmaß solcher Katastrophen aber auch übertrieben dargestellt, um Steuern zu sparen oder Lücken im Haushalt zu stopfen. Und tatsächlich hielt sich der König nur vier Sommer an seine Zusage.

Oben: Wie vielerorts in Europa wurden auch die Wetzlarer Juden 1349 beschuldigt, die Brunnen – hier auf dem Kornmarkt – vergiftet zu haben. Selbst Einwände des Papstes halfen nichts.
Unten: Feuerböcke in der Fassade sollten nach dem großen Stadtbrand das Eigentum vor weiteren Brandkatastrophen schützen.

WETZLAR IM WANDEL DER ZEIT

5000 v. Chr.	
500 v. Chr.	
4 v. Chr.	
800	
832	
897	
1180	
1250	
1285	
1318	
1349	
1422	
1525	
1689	
1731	
1772	
1796	
1815	
1841	
1849	
1862	
1869	
1883	
1887	
1903	
1914	
1922	
1932	
1938	
1944	
1945	
1950	

Der Haushalt war in Wetzlar tatsächlich bereits vorher extrem angespannt. Immer wieder war die Stadt schließlich in teure kriegerische Auseinandersetzungen verwickelt. Vor allem die finanzkräftigen Grafen von Solms waren schon länger bemüht, die attraktive freie Stadt ihrem Territorium einzuverleiben. Erst 1328 hatten sich die Wetterauer Reichsstädte in einer blutigen Schlacht vor den Mauern Wetzlars zusammen mit Landgraf Heinrich II. gegen die Grafen von Nassau und Solms und den Erzbischof von Mainz zur Wehr setzen müssen – in diesem Fall mit Erfolg.

Das benötigte Geld lieh man sich häufig auch bei Juden, die vom Rhein kommend, schon seit Ende des 12. Jahrhunderts in der Stadt gelebt hatten. Mit ihrer Kleidung, ihren Riten und vor allem der Tatsache, dass sie anders als Christen Zinsen auf Kredite nehmen durften, hoben sich die neuen Einwohner merklich von den übrigen Wetzlarern ab. Viel anderes blieb ihnen auch nicht übrig, denn der Eintritt in eine der Zünfte war ihnen gewöhnlich verwehrt. Zwar lebten sie in der Stadt nicht in einer ummauerten Enklave, aber wohl doch

Die Pieta im Dom von 1370/80 spiegelt die gedrückte Stimmung nach dem Pest-Jahr 1349 wider.

in einem eigenen Viertel um die aus dem Jahr 1344 namentlich überlieferte Judengasse. Was sie dort trieben, und wie sie zu ihrer oftmals großen Bildung und ihrem Wohlstand gekommen waren, wusste kaum jemand. Hatten die Juden bei ihren vom Erzbischof und König sanktionierten exklusiven Geldgeschäften nicht Wucher getrieben? Schickte Gott gar die große Strafe, weil man die Juden unter sich duldete? Schon länger spukten solche Gerüchte und Verdächtigungen durch Europas Städte. Mit den Nachrichten von der herannahenden Pest breitete sich auch die Judenhetze von Süden nach Norden aus. Als Brunnenvergifter hätten die Juden die Krankheit ausgelöst, hieß es. Selbst der Einwand des Papstes, auch Juden seien unter den Opfern, half nicht.

Nur vermeintlich illustrieren heute zwei Figuren über dem Hauptportal zum Wetzlarer Dom die Stimmung des Mittelalters. Ein Steinmetz schlug dort den Teufel in den Sandstein, der einen zufrieden lächelnden Juden mit Zipfelmütze in seinen Armen hält. Dies entsprach der religiösen Überzeugung vieler Christen, die Juden seien als die wahren Mörder von Jesus Christus mit dem Teufel im Bunde. Allerdings stammt das Bild so nicht aus dem Mittelalter, sondern

34 WETZLAR IM WANDEL DER ZEIT

aus dem Jahr 1903. Ursprünglich hatte der Teufel nämlich wohl eine Nonne in seinem Griff – umgeben von zahlreichen weiteren Anspielungen auf den ewigen Kampf von Gut und Böse.

Nachdem der neue König Karl IV. den Schutz der Wetzlarer Juden und den Ertrag aus ihren Steuern im Juni 1349 seinem Gefolgsmann Johann von Nassau überlassen hatte, ließ der sich von der herrschenden Stimmung anscheinend anstecken und machte kurzen Prozess. Als angebliche Brunnenvergifter wurden alle jüdischen Einwohner lebend verbrannt. Die Zahl der Opfer ist auch in diesem Fall nicht überliefert.

Im November übernahm Johann freimütig die politische Verantwortung für die Tat gegenüber König und Reich, ohne eine echte Strafe fürchten zu müssen. Auch Gegenwehr aus der Bürgerschaft hatte es bei dem Pogrom vermutlich nicht gegeben. Für die reichen Bürger und die Stadtkasse kam es schließlich wie ein Geschenk des Himmels. Auf einen Schlag waren sie ihre Schulden los. Das Eigentum der Toten fiel an die Stadt. Das Haus des Juden Lewe am Fischmarkt musste daraufhin bald einem neuen Rathaus weichen, in dem später das Reichskammergericht seine ersten Räume in Wetzlar bezog. Eine nachhaltige Erholung der Stadtfinanzen brachte die Bluttat allerdings nicht – ganz im Gegenteil. Ab 1350 konnte Wetzlar seine Ausgaben nicht mehr decken und schlitterte immer tiefer in die Krise.

Auf dem Grundstück des Juden Lewe am Fischmarkt entstand nach 1349 ein neues Rathaus, in dem später das Reichskammergericht seinen ersten Dienstsitz in der Stadt hatte.

WETZLAR IM WANDEL DER ZEIT

1422 | In Reichsacht

Die Stadt ist endgültig pleite

Klientelpolitik und Überschuldung stürzten Wetzlar in die Katastrophe: Von Pest, Feuer und Kriegen konnte sich die Stadt damit nicht mehr erholen. Der unfertige Dom legt davon bis heute beredtes Zeugnis ab. Schließlich entzog König Sigismund Wetzlar alle Rechte

Am 8. Juni 1386 begann im Rheinland und den angrenzenden Kurstaaten von Neuss bis Trier fiskalpolitisch eine neue Zeitrechnung. Die Kurfürsten hatten begriffen, angeregt durch Entwicklungen in Frankreich und Italien, dass viele verschiedene Währungen dem Handel eher abträglich waren. Als Münzverein ließen sie fortan Rheinische Goldgulden und silberne Weißpfennige im Verhältnis 1:10 prägen. Eine gute Sache, denn verlässliches Geld mit einem allgemein anerkannten Wert machte auch Distanzgeschäfte weitaus einfacher.

Nur haben musste man sie auch, die leuchtenden Gulden-Münzen mit einem Goldgewicht von 3,07 Gramm. Und hier lag zumindest in Wetzlar das Problem. Die Stadt kämpfte gegen Ende des 14. Jahrhunderts an drei Fronten gegen ihren drohenden Bankrott. Einerseits hatten Stadtbrände – 1349 hatte es einen zweiten gegeben – und Seuchen die Bevölkerung und damit die Arbeitskraft erheblich verringert. Hinzu kamen die wachsenden Schwierigkeiten der Geldbeschaffung. Jüdische Finanziers fielen als Kreditgeber nach dem Pestpogrom aus. Die Fürsten waren den Städten nicht wohl gesonnen und überdies selbst ständig auf der Suche nach Einkünften. Statt die Steuern etwa auf Grundbesitz oder Handelswaren zu erhöhen, worunter sie selbst gelitten hätten, suchten Schöffen und Rat ihr Heil in der Verschreibung von Leibrenten. Gegen die Zahlung einer erklecklichen Summe verpflichtete sich die Stadt, dem Geldgeber eine lebenslange Rente auszuzahlen. Eine Wette auf Leben und Tod, die bald nicht nur einheimische Bürger, sondern auch Wohlhabende von Aachen bis Mainz und Frankfurt bis Siegen eingingen.

Die Stadt lebte immer stärker auf Pump, denn ihren wachsenden Verpflichtungen standen ab 1350 keine entsprechenden Einkünfte gegenüber. 1382 standen Verbindlichkeiten in Höhe von 100 000 Goldgulden in den Büchern. Das entspräche heute umgerechnet einem Materialwert von rund 11 Millionen Euro, aber einem Marktwert von näherungsweise 33 Millionen. Für das Geschäftsleben der Bürger wurde das zunehmend zum Problem. Anders als heute, wo öffentliche Schulden im Alltag mehr als hypothetisches Problem erscheinen und überwiegend unsichtbar durch Inflation ausgeglichen werden, hatte die finanzielle Schieflage im Mittelalter sehr direkte Konsequenzen für jedermann. Schließlich konnte jeder Bürger überall außerhalb der Mauern persönlich haftbar für die Verbindlichkeiten seiner Stadt gemacht werden. Händler mussten die Beschlagnahme ihrer Waren oder Münzbestände fürchten, ohne in der Heimat eine Rückerstattung erwarten zu können. Ein Rückgang des Warenverkehrs und die Abwanderung vieler Familien in andere Städte waren die Folge. Wetzlar verlor in wenigen Jahrzehnten mehr als die Hälfte seiner Einwohner-

1382 stand Wetzlar mit 100 000 Goldgulden in der Kreide – zu viel für kaum noch 2000 Einwohner. Diese Rheinischen Gulden wurden zwischen 1399 und 1402 geprägt und zeigen Erzbischof Johann II. von Nassau.

schaft und zählte schließlich im 15. Jahrhundert nur noch kümmerliche 2000 Seelen. Der Bau der großartigen neuen Marienkirche kam endgültig zum Stillstand.

Es gab durchaus Gegenwehr innerhalb der Stadtgesellschaft gegen die verfehlte Finanzpolitik. Handwerker und Händler wehrten sich dagegen, dass die Grundbesitzer nicht nur das Schöffenkollegium, sondern längst auch den Rat dominierten. Nach inneren Unruhen der Zünfte wurden diesen 1357 immerhin fünf der zwölf Ratssitze zugebilligt. Zu einem echten Neuanfang kam es aber nicht und damit schon bald zu neuen Unruhen, bei denen 1372 ein Teil der Schöffen aus der Stadt floh und lauthals Klage erhob. Wetzlar machte reichsweit negativ von sich Reden.

Hinzu kamen die finanziellen Belastungen, die die Stadt auf sich nahm, um ihren Status als freie Reichsstadt zu erhalten. Wiederholt zog Wetzlar mit den Landgrafen von Hessen in den Krieg – sei es gegen die Herren von Falkenstein oder gegen den Ritterbund vom Sterne. Immer stärker suchten die Landesherren im Reich, das Territorialprinzip gegen die freien Städte durchzusetzen. Obwohl die Stadt zahlungsunfähig war, wurde sie 1384 Mitglied im Rheinisch-Schwäbischen Städtebund, der sich diesem Ansinnen widersetzen wollte. Dazu schwelte vor Ort immer wieder der Konflikt mit den expansiv auftretenden Grafen von Solms, die Wetzlar gerne unter ihre Gewalt gebracht hätten. Als Kaiser Karl IV. ihn beauftragte, dem alten Rat wieder seine Geltung zu verschaffen, brachte Johann IV. von Burgsolms 1376 die Stadt kurzfristig vollständig unter seine Kontrolle. Als sichtbare Gegenmaßnahme und zum Schutz der Hohen Straße setzte Hessens Landgraf Hermann II. dem Gegner auf dem Schwarzenberg die Burg Hermannstein auf dessen eigenes Territorium. Für Wetzlar ein schwacher Triumph, wurde doch die Hohe Straße wegen der ständigen Gefährdungen alsbald verlegt und der Stadt damit ihre Hauptverkehrsanbindung genommen.

Zudem wuchs die Nähe zu den Landgrafen. Als Johann von Weidbach mit einer Partei gegen den Willen von Rat und der Bürgermehrheit die Stadt de facto den Hessen unterstellen wollte, verlor er darüber zwar den Kopf. Doch 1417 übergab König Sigismund von Luxemburg, dem es im Reich an einer eigenen Hausmacht fehlte und der an vielen Fronten zu kämpfen hatte, seine Schirm- und Schutzrechte über die Stadt an die Grafen von Nassau-Weiburg. Wetzlar blieb vom Titel her Reichsstadt – aber eigentlich nur auf dem Papier. Und als die Stadt im Jahr darauf ihre Zahlungen einmal mehr einstellte, zückte Sigismund schließlich 1422 das schärfste Schwert seiner Zeit – die verschärfte Aberacht. So wie sonst Privatleute wurde damit die gesamte Stadt ihrer Rechte im Reich entzogen und verfiel für 250 Jahre in vollständige Bedeutungslosigkeit.

Zum Schutz gegen die Grafen von Solms ließ Landgraf Hermann II. auf dem Schwarzenberg die Burg Hermannstein bauen. Kupferstich aus Daniel Meisner's Schatzkästlein von ca. 1630.

WETZLAR IM WANDEL DER ZEIT 37

1525 | Reformationszeit

Ein neuer Glaube

Der Wechsel der einfachen Leute zum evangelischen Bekenntnis setzte vor allem die Kanoniker des Marienstifts unter Zugzwang. Die Not der Stadt brachte letztlich einen gütlichen modus vivendi. Statt auf die Ökumene des 20. Jahrhunderts zu warten, wurde der Dom zur frühen Simultankirche – mit überraschend praktischen Lösungen

„Das ist wie früher bei der Bundesbahn", sagt Stadtführerin Gudrun Meißner und klappt in der Marienkirche eine der Banklehnen auf die andere Seite. „Glauben Sie doch, was Sie wollen", ergänzt die gebürtige Kölnerin zufrieden. Evangelisch-lutherisch oder traditionell katholisch – in Wetzlars Hauptkirche ist beides möglich – je nach Ausrichtung der Bank. Trotzdem schenken sich die Gemeinden, die sonst in freundlicher Ökumene leben, nichts. Meißner lässt ihre Begleiter einen Blick hinter die Eingangstür werfen. Dahinter verstecken sich zwei Sicherungs- und Zählerkästen – ein katholischer und ein evangelischer.

Wie es dazu kam? Schon gegen Ende des 15. Jahrhunderts hatte sich ein epochaler Umbruch in Europa abgezeichnet. Nachrichten von einer Neuen Welt im Westen machten die Runde. Über Handelskontakte kamen neue „alte" Ideen vor allem aus Italien an Rhein und Lahn, die den Menschen auf Erden in den Mittelpunkt rückten. Zwar hatte es auch im Mittelalter viele Rückbezüge auf die Antike gegeben. Allerdings hatten die vordringlich das bestehende gottbezogene Weltbild stützen sollen. Indem führende Köpfe den Menschen nun als Individuum erkannten, kam es zu einem echten Paradigmenwechsel. Die Schriften antiker Philosophen wie Platon und Cicero wurden übersetzt. Erasmus von Rotterdam entwickelte seine Moralphilosophie. Die Meisterwerke antiker Künstler, vor allem ihre Architektur und Skulpturen, wurden studiert und kopiert. Aus dem Interesse am menschlichen Körper heraus befreite sich die Medizin allmählich von tradierten Lehren.

Auch Martin Luther, der seinen Unmut über die Maßlosigkeit der Amtskirche und seinen Wunsch nach liturgischen Reformen 1517 an die Wittenberger Schlosskirche pinnte, war keineswegs ein historischer Einzelfall. Wiederholt hatte die Kirche auch in der Vergangenheit mit abweichenden Meinungen, Reformbewegungen und Machtinteressen zu tun gehabt. Die Thesen des zunächst unbedeutenden Mönches fanden gerade jetzt besonders viele Zuhörer, weil sich viele Fürsten im Deutschen Reich zu eben dieser Zeit von den Habsburger Kaisern und den prunksüchtigen Renaissance-Päpsten abzusetzen suchten.

Auch in Wetzlar fielen die neuen Ideen vor allem unter einfachen Bürgern auf fruchtbaren Boden. Allerdings wollte die politische Führungsschicht der bitterarmen Reichsstadt im Rat keinen Konflikt mit dem Kaiser riskieren. Und die Chorherren des Marienstifts, die von ihren Pfründen

Landgraf Philipp I. von Hessen sorgte in Wetzlar für einen ersten Ausgleich zwischen Protestanten und Katholiken. Kupferstich aus der Chronik des Matthias Merian.

Genug Platz für zwei: Katholiken und Protestanten teilen sich die Marienkirche seit dem 16. Jahrhundert. Nach dem Zweiten Weltkrieg wurde auch der zerstörte trennende Lettner nicht mehr aufgebaut.

WETZLAR IM WANDEL DER ZEIT

gut – und wie man aus der Notwendigkeit einer neu verfügten Stiftsordnung ablesen kann auch ebenso maßlos wie unkeusch lebten – hatten unter kaiserlicher Oberhoheit und unterstützt vom Trierer Erzbischof ebenfalls keinerlei Interesse an einer Veränderung.

Erst im Umfeld des Bauernkrieges erhoben die Zünfte und Bürger im Frühjahr 1525 offene Forderungen. Nun wollten auch sie einen Pfarrer, der ihnen das Evangelium auslegen sollte. Bislang waren die Gottesdienste schließlich ein Mysterium für Eingeweihte – abgehalten auf Latein und weitgehend hinter der Chorschranke. Die Leute wollten nicht mehr stur glauben, sie wollten auch verstehen.

Angestellt auf Kosten der Stadt kamen die künftigen Pfarrer dieser Forderung immer mehr nach. Über den ersten Johann Brauer ist wenig bekannt. Sein Nachfolger Johann Ferber jedenfalls befolgte den Zölibat nicht mehr. Als er 1531 starb, wurde seine Tochter offizielle Erbin. Unterstützung fanden die Wetzlarer Protestanten beim hessischen Landgrafen Philipp I., den man später den Großmütigen nannte. Philipp war ein Mann des Geistes, der 1527 in Marburg eine Universität gründete. Im Sinne Luthers stellte er sich den kämpfenden Bauern mit Waffengewalt entgegen. Aber er hörte sich doch ihre Forderungen an und suchte Abhilfe zu schaffen. Und als der damals amtierende evangelische Wetzlarer Stadtpfarrer Conrad Diepel ihn nach seinem Dispens durch den Stadtrat um Hilfe anrief, ließ Philipp die streitenden Parteien zu einer Aussprache nach Marburg kommen. Das Ergebnis war ein Formelkompromiss höchster Güte: Diepel durfte bleiben. Wer aber wollte, konnte auf eigene Kosten katholische Messen lesen lassen. Ab 1544 galt Wetzlar auf Reichstagen als evangelisch.

So wurde die Marienkirche zur Simultankirche, getrennt durch den gotischen Lettner. Das Geld für eine neue Stadtkirche aufzubringen, war angesichts weiter sinkender Einwohnerzahlen, Pest-Ausbrüche und mehrerer verheerender Lahn-Hochwasser völlig illusorisch. Der Chor verblieb dem Stift bis zu dessen Aufhebung 1803 und der kleinen katholischen Gemeinde, das Kirchenschiff nutzten die Protestanten. Immer wieder kam es allerdings zu Streit ums Hausrecht. Man erzählt sich deshalb, die hängende Muttergottes würde sich um des Friedens willen noch heute warnend abwenden, wenn einer der Priester zu lange predigt.

Dass Wetzlar zu einer Unteren Stadtkirche kam, hatte es dann calvinistischen Flüchtlingen aus Wallonien zu verdanken, die sich 1586 in der Unterstadt niederlassen durften. Man erhoffte sich davon eine Belebung des wirtschaftlichen Lebens und überließ ihnen als Geste des Willkommens den Chorraum in der Kirche des 1555 aufgelösten Franziskanerklosters – von der Oberstadt erreichbar über das sogenannte Reformierte Treppchen. Dort konnten die Neubürger dem reformierten Gottesdienst auf Französisch lauschen, während im Kirchenschiff die Lutheraner ihn auf Deutsch zelebrierten. An der Domkirche, die übrigens ihren Titel erst in der Neuzeit erhielt, als der Trierer Erzbischof das Stift unter seine Fittiche nahm und damit gewissermaßen Hausherr wurde, hatte man ja gesehen, dass zwei Bekenntnisse auch in einem Gotteshaus Platz finden.

Zu Beginn des 17. Jahrhunderts hatte Wetzlar den Tiefpunkt seiner Entwicklung erreicht. Nur noch 1500 Menschen lebten hinter seinen Mauern. An einen neuen Kirchenbau war nicht zu denken. Kupferstich von 1624.

Ins aufgelöste Franziskanerkloster zog im 16. Jahrhundert eine Lateinschule ein. Heute ist hier die Musikschule untergebracht. Den Chor der Kirche überließ man den zugewanderten Calvinisten.

WETZLAR IM WANDEL DER ZEIT

1689 | Das Reichskammergericht

Auflauf der Assessoren und Advokaten

Der Einfall französischer Truppen in linksrheinische Gebiete vertrieb 1689 das Reichskammergericht nach Wetzlar. Für mehr als ein Jahrhundert brachte es der verarmten Stadt eine zweite Blüte, auch wenn die Geschäfte der Richter bisweilen wiederum selbst seltsame Blüten trieben

„Hier findest Du alle Tage Assembléen, Concerte, Comödien, Bälle. Die Damen muntern die Mannsbilder auf, und eine jede muss einen Anbeter haben, wenn es auch nur des Anstandes wegen wäre. So hab ich denn um in Gesellschaft besser bemerkt zu werden, auch eine Dame gewählt, der ich meine Aufmerksamkeit widme. Nun bin ich vom Morgen bis zur Mitternacht eingeladen mit dieser Dame, zu Dejeuners, Diners, Groß-Breziers, Soupers, (…) – kurz ich bin den ganzen Tag, außer wenn Logen gehalten werden, nicht mein Herr", schrieb der 24 Jahre alte Jurist August Siegfried von Goué 1767 voller Begeisterung und Erstaunen aus Wetzlar. Auch wer die Stadt von früher kannte rieb sich die Augen ob der neuen Zustände. Im Mittelalter in die Bedeutungslosigkeit einer abgelegenen Landstadt versunken, im Dreißigjährigen Krieg von spanischen Truppen und den Söldnern Johann Tillys ausgeplündert, wiederholt von der Pest heimgesucht und von den Handelsrouten abgeschnitten bis von der Stadt kaum noch mehr übrig war als ein großes Dorf in bröckelnden Mauern schien Wetzlar inzwischen wie aus einem Dornröschenschlaf erwacht. Zu Goués Zeit lebten hier wieder 6000 Menschen!

Den Stadtvätern hatte sich 1689 eine historische

Der bestechliche Assessor Franz von Pape ließ das Palais in der Hofstatt 19 erbauen, in dem 1987 das Reichskammergerichtsmuseum eröffnete.

40 WETZLAR IM WANDEL DER ZEIT

Chance geboten. Und sie hatten beherzt zugegriffen. Als die Truppen Ludwigs XIV. auf ihrem Rückzug aus dem Pfälzischen Erbfolgekrieg die eroberten linksrheinischen Gebiete systematisch brandschatzten, ging auch die Reichsstadt Speyer in Flammen auf. Die Eroberer versiegelten das dort residierende Reichskammergericht, kassierten die Akten ein und verscheuchten die Beschäftigten nach Frankfurt am Main. Auf der Suche nach einem neuen Standort kam das Gerichtspersonal – mangels anderer Kandidaten, wie man zugeben muss – auf Wetzlar. Die Reichsstadt lag weit weg von der Rheingrenze, konnte die Versorgung des Personals garantieren, gewährte Katholiken, Lutheranern und Reformierten Glaubensfreiheit und räumte sogar ihr Rathaus am Fischmarkt als Sitzungsort. Schon im Januar 1690 bestiegen der vorsitzende Kammerrichter, die 50 Assessoren – die beisitzenden Richter – und das übrige Gerichtspersonal ihre Reisewagen in Richtung Lahntal. Sie kamen allerdings unter Protest, da die Häuser in Wetzlar klein und muffig und oft noch mit Stroh gedeckt seien. Wetzlar sei „eine schlechte Stadt für das, was sie im Reich vorstellt und für die Würde der Leute, die sie in sich schließt", urteilte Zeitzeuge Goué noch 100 Jahre später.

Doch das Bild wandelte sich. Mit dem Reichskammergericht hatte die kleine Stadt plötzlich eine zentrale Schaltstelle des Reichs in ihren Mauern, die jederzeit viele Gäste anzog und von sich reden machte. 1495 war das Gericht vom Habsburger Maximilian I. begründet worden, um eine zentrale Rechtsprechung unabhängig vom Kaiser und seinem Hof zu garantieren und so den Ewigen Landfrieden zu sichern. Kein Untertan sollte mehr den Fehdehandschuh gegen einen anderen werfen. Eine revolutionäre Idee, denn sie gab erstmals jedermann das Recht und wenn er ein Armutszeugnis ablegte sogar finanzielle Unterstützung, auch gegen Entscheidungen des eigenen Landesherrn vorzugehen. Zwar wurden die Richter noch immer vom König oder Kaiser bestimmt, aber das Gericht war dennoch ein erster Schritt der Gewaltenteilung. Einmal im Amt entschieden sie nach eigenem Urteil. Neben den Assessoren bestimmten Prokuratoren und Advokaten mit ihren Schafswollperücken das Bild Wetzlars. Insgesamt rund 1000 Personen kamen mit der Reichsinstitution in die Stadt. Seinen letzten Sitz hatte das Gericht im imposanten Ingelheim'schen Palais in der Hauser Gasse 19, das später den Preußen als Kaserne diente und schließlich einem Neubau für das Postamt weichen musste.

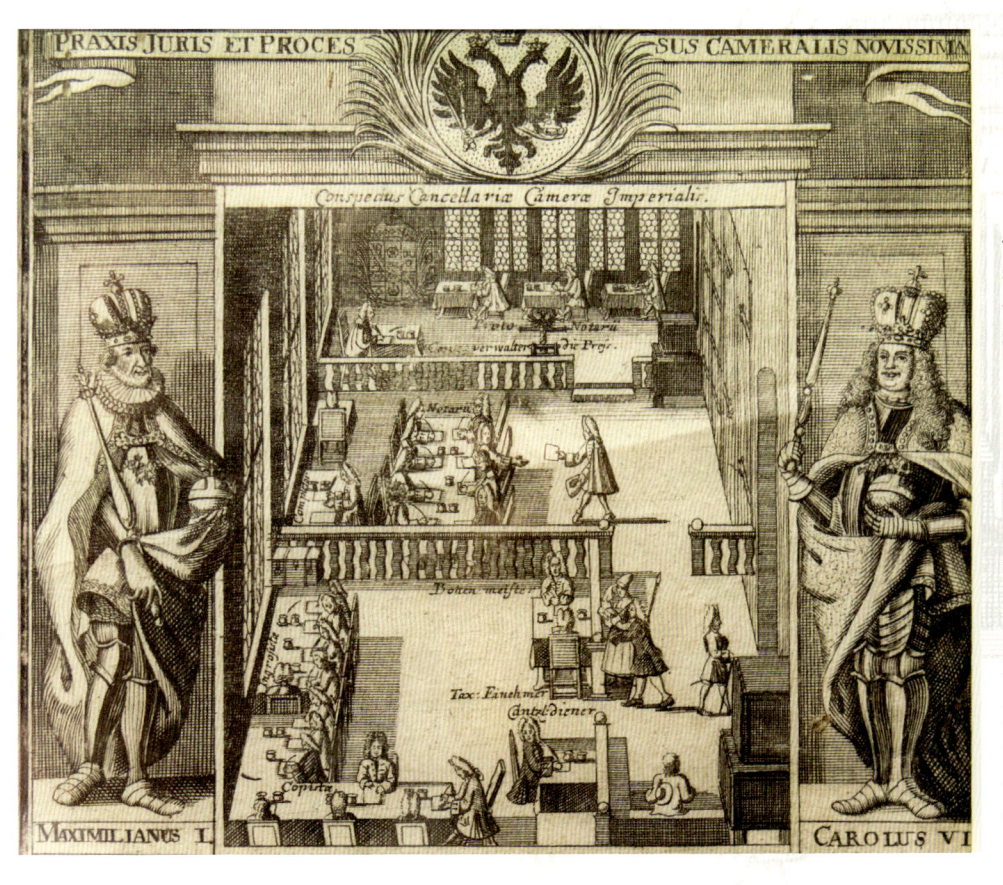

Allerdings gab es nur wenige hinreichend qualifizierte Bewerber für das Richteramt. Dieser Umstand und die fast unanfechtbare Position weckten bei einigen Assessoren eine exzessive Geldgier. Zwar hatte der Zuzug des Gerichts mit Familienangehörigen und Bediensteten in Wetzlar im 18. Jahrhundert insgesamt einen fulminanten Bauboom ausgelöst. Trotzdem fragte man

Am Reichskammergericht konnte jeder Untertan auch gegen seinen Landesherrn klagen, bei Bedarf gab es sogar eine Art Prozesskostenhilfe. Holzstich aus dem Ingelheim'schen Palais, Reichskammergerichtsmuseum.

sich in der Stadtgesellschaft hinter vorgehaltener Hand ab 1756, wie der 40 Jahre alte Assessor Johann Herrmann Franz von Pape, der eben erst nur mit Fürsprache seines Schwiegervaters und im zweiten Versuch eine Anstellung bei Gericht erhalten hatte, von seinem Gehalt ein frisch erbautes barockes Palais in der Kornblumengasse kaufen und zum vierflügeligen Prunkbau ausbauen konnte. Und nicht nur das: Pape, der sich Papius nennen ließ, erwarb in elf Jahren drei weitere Immobilien in der Nachbarschaft und dazu ein Sommerhaus im Schützengarten vor der Stadt, dessen Saal er mit Delfter Kacheln und Stuckdecke ausstaffieren ließ.

Dass das nicht mit rechten Dingen zugegangen war, belegte schließlich die sogenannte Visitation, eine Untersuchungskommission der Reichsstände ab 1767 in mehrjähriger Arbeit. Wie sie in standardisierten Zeugenbefragungen herausfand, hatte der Kammererzieler Nathan Aaron Wetzlar, der bei den Reichsständen die Steuer für das Gericht eintrieb, nebenher als Sollicitant für die Beschleunigung von Verfahren gesorgt. Das hatten seine Auftraggeber sich einiges kosten lassen. In einem einzigen Verfahren um den Rheinzoll bei Kaiserswerth hatte Aaron den Gerichtspräsidenten Karl Philipp zu Hohenlohe-Bartenstein und die Assessoren Papius und Nettelbladt mit insgesamt 29 000 Gulden bestochen. Im Ergebnis der

Das Einschreibeformular des wohl bekanntesten Praktikanten am Gericht – Johann Wolfang von Goethe. Kopie aus dem Bundesarchiv im Reichskammergerichtsmuseum.

Visitation wurden 1773 und 1774 drei Assessoren wegen chronischer Bestechlichkeit ihrer Ämter enthoben. Womöglich hatte man eigens den Tod des Gerichtspräsidenten abgewartet, um Hohenlohe-Bartenstein, einen Bekannten des Kaisers, nicht ebenfalls diskreditieren zu müssen. Auch Papius verlor sein Vermögen und musste die Stadt als mittelloser Mann mit neun Kindern verlassen. Johann Wolfgang von Goethe hat Papius in seinem Drama Götz von Berlichingen in der Figur des Richters Sapupi ein literarisches Denkmal gesetzt. Sein Palais beherbergt heute eine außerordentliche Möbelsammlung der Wetzlarer Kinderärztin Irmgard Freiin von Lemmers-Danforth.

Für die Stadt selbst erwies sich der luxuriöse Lebenswandel, den viele Gerichtsangehörige mit ihren legalen und illegalen Einnahmen finanzier-

Eine Verhandlung am Reichskammergericht war im 18. Jahrhundert ein beeindruckendes Schauspiel. Abbildung von Peter Fehr, 1735, Reichskammergerichtsmuseum.

Hutmacher, Handschuhmacher, Schuster, Perückenmacher, Buchdrucker und andere Handwerker sorgten für Kleidung und Accessoires nach neuester höfischer Mode und erlesenes Mobiliar. Neben der kaiserlichen Hauptstadt Wien und Regensburg war Wetzlar aufgrund der zahleichen hier behandelten Streitfälle der Territorialstaaten und vor allem während der jahrelangen Arbeit der zwei Visitationskommissionen der gesellschaftliche Treffpunkt des Reiches.

Und natürlich war es damit auch eine Nachrichtenbörse, Vergnügungsort und Heiratsmarkt. In der Stadt herrschte ein ungezwungenes Stelldichein von Adel und Hochadel, wohlhabenden Bürgern und gebildeten Advokaten, notierte Zeitzeuge August Siegfried von Goué. Und die hatten den Trübsinn des Dreißigjährigen Krieges hinter sich gelassen. Goué, der selbst dem Alkohol, Glücksspiel und schriftstellerischen Parodien mehr zusprach als der Jurisprudenz, schrieb: „Alles atmet Liebe. Du kannst Weiber und Mädchen sehen, ohne dass sich die Männer oder Eltern darum bekümmern". Auch der Gatte seiner Freundin sei nicht gram. Er treibe sich „indessen, soviel seine Geschäfte gestatten, mit einer Actrice umher". Goué selbst nahm seine eigene Entlassung als Legationssekretär beim Reichskammergericht übrigens nicht lange krumm. Stattdessen wurde er ein durchaus beachteter Schriftsteller und Freimaurer.

ten, als großes Geschenk. Gast- und Schankwirte bedienten den Bedarf der anreisenden Parteien an Unterkunft und Verpflegung. Fünf Brauereien sorgten für Nachschub an Bier. Wein wurde über die Lahn aus dem Rheinland angeliefert. Bauhandwerker hatten jahrzehntelang Hochkonjunktur, um den Bedarf an großzügigen Stadtpalais im Stil des Barock und Rokoko zu befriedigen, die die Altstadt bis heute mit prägen. Schneider,

Der Umzug des Gerichts nach Wetzlar im Jahr 1689 bescherte der Stadt einen Bauboom. Die Palais im Stil des Barock und des Rokoko prägen die Altstadt bis heute.

WETZLAR IM WANDEL DER ZEIT

1731 | Duktus

Vom Roheisen zum Internet des Wassers

Als deutscher Hersteller von hochwertigen Produkten aus duktilem Gusseisen hat sich Duktus mit seinen Rohrsystemen, mit speziellen Produkttechnologien, durch eine ausgeprägte Anwendungsorientierung sowie mit seiner Kompetenz in der Wasserwirtschaft und im Tiefbau einen Namen gemacht. Das tut Duktus ganz wörtlich — auf seine Weise, mit seinem Duktus. Am Traditionsstandort Wetzlar sowie in den Vertriebstochtergesellschaften beschäftigt das Unternehmen mehr als 300 Mitarbeiter und gehört zu den größten europäischen Anbietern von Rohrsystemen aus duktilem Guss. Seinen Ursprung hat Duktus auf der von Buderus errichteten Sophienhütte in Wetzlar

Der Eisenmarkt mit der Statue der Heiligen Barbara – der Schutzpatronin der Bergleute – legt mitten in Wetzlars Altstadt beredtes Zeugnis darüber ab, wie wichtig die Verarbeitung von Metallen in der Region an Lahn und Dill seit jeher war und bis heute ist. Das nimmt nicht wunder: Erst die Verhüttung von Erzgestein zu Metall brachte den Übergang von der rein physikalischen An-

Die Sophienhütte war der Ursprung der heutigen Gussrohr-Fertigung von Duktus.

passung von Gestein, Holz oder Knochen hin zur chemischen Herstellung weitaus haltbarerer Werkstoffe und Werkzeuge – und damit einen Quantensprung menschlicher Entwicklung. Bis ins Mittelalter hatte sich das Hüttenwesen daraufhin vielfältig entwickelt.

Dann kam der 23. Mai 1618. Aufgebrachte Protestanten warfen damals vier real gesehen wenig bedeutsame Provinz-Statthalter aus Fenstern der Prager Burg. Der Fall war nicht tief und die schweren Mäntel dämpften ihn ab. Aber das Ereignis hatte Folgen. Es brachte 30 Jahre Krieg über Europa. Millionen Menschen wurden getötet, ganze Landstriche zerstört. Auch die Metallverhüttung im mittelhessischen Raum kam weitestgehend zum Erliegen und erst Jahrzehnte später entstanden auf Initiative verschiedener Landesherren neue Hüttenwerke.

Zum Beispiel die Friedrichshütte bei Laubach –

Hunderte duktile Gussrohre warten auf dem Firmengelände in Niedergirmes auf ihren späteren Einsatz.

sie wurde von Friedrich Ernst Graf zu Solms-Laubach 1707 erbaut und 1717 übernahm Johann Wilhelm Buderus I die Verwaltung des Betriebs. Buderus sah sich weniger als Administrator, denn als Manager. Er steckte viel eigenes Kapital in den Betrieb. Mit einer Kautionszahlung am 14. März 1731 wurde er schließlich Pächter – der Grundstein des Buderus-Konzerns war gelegt.

Tatkräftige Nachfolger aus der Familie und technische Innovationen ließen das Unternehmen über die Region hinaus wachsen. Die Eisenbahn machte unabhängig von der vor Ort verfügbaren Holzkohle. Nun konnten Koks aus dem Ruhrgebiet schnell und billig zu den Hütten gebracht und das Eisen fernab der Flüsse in die allmählich wachsenden Industrie-Reviere transportiert werden.

Von der Sophienhütte zum modernen ressourcenbewusst arbeitenden Duktus Werk Wetzlar: Wir schreiben das Jahr 1872 – in Wetzlar wird am 1. August der erste Hochofen angeblasen. Ein Jahr später gleich der zweite. Jeder hatte eine Kapazität von 40 Tonnen Roheisen, das an fremde Abnehmer verkauft wurde.

Seinen Namen Sophienhütte erhielt das Werk nach der Mutter des Erbauers Georg Buderus II. Wetzlar war als Standort wegen der Frachtvorteile gewählt worden, die man aus der Lage an zwei Eisenbahnlinien erwartete. Die Sophienhütte war eines der modernsten Werke der damaligen Zeit und brachte für viele Menschen aus den umliegenden Dörfern völlig neue Arbeitsplätze. Die Geschäfte liefen zufriedenstellend, das Hüttenwerk hatte einen guten Absatz. Aber man dachte zukunftsorientiert, wollte von den Schwankungen des Roheisenmarktes unabhängig sein und mit der Weiterverarbeitung des Roheisens die Rentabilität des Werkes stärken.

1899 wurde die Zementherstellung aufgenommen und damit die Hochofenschlacke genutzt. Ein Jahr später begann der Bau der Röhrengießerei. Mit ihrer Fertigstellung hatte sich die Sophienhütte vom Roheisenproduzenten zum Gießereiunternehmen gewandelt, das 1904 durch die Nutzung der Gichtgase der Hochöfen auch in die Elektrizitätswirtschaft einstieg.

Am 18. Dezember 1901 wurde auf der Sophienhütte das erste gusseiserne Muffendruckrohr gegossen. Die Erfolgsstory begann. Die Marktchancen waren außergewöhnlich günstig, denn Städte und Gemeinden setzten im Interesse der Gesundheit der Bevölkerung landauf landab auf eine zentrale Trinkwasserversorgung, statt lokaler Brunnen und auf Abwasserrohrleitungen zu Kläranlagen, statt stinkender Sickergruben.

Die gusseisernen Rohre wurden in stehenden Formen nach dem Sandgussverfahren hergestellt. Anfangs war dazu noch viel Handarbeit nötig, doch schon 1905 übernahm eine Maschine diese Arbeit. Und die Verfeinerung der Abläufe ging weiter. Ab 1909 wurden in der neuen Röhrengießerei II Gas- und Wasserleitungsrohre von 500 bis 1500 mm Nennweite in fünf Metern Baulänge gegossen.

Das Geschäft florierte, auch im Export. 1914 erzielte Buderus beim Muffenröhrenabsatz sage und schreibe eine Exportquote von über 53 Prozent.

Basis-Innovation Schleuderguss: Ein weiterer Meilenstein in Sachen Innovation folgte 1927: Die Einführung des Schleudergussverfahrens brachte den Übergang zur heutigen Produktionstechnik.

Am 19. August wurden in Wetzlar die ersten Rohre geschleudert. Keinen Monat später begann die Serienfertigung zunächst für Rohre mit Nennweiten von 80 und 100 mm und einer Länge von vier Metern. Beim Schleuderguss wird

Probennahme zur Qualitätsprüfung der 1500 °C heißen Schmelze.

WETZLAR IM WANDEL DER ZEIT 45

Das moderne Duktus-Werk steht noch heute auf dem Gelände der ehemaligen Sophienhütte mitten in Wetzlar.

flüssiges Eisen in eine geneigte, sich schnell drehende zylindrische Dauerform, die Kokille, gossen. Bei ständiger Bewegung erstarrt es zu einem Rohr. Das spart nicht nur die Herstellung neuer Formen, beim raschen Erstarren kommt es zudem zu einer feinkörnigen Graphitausbildung. Die damit erreichte höhere Festigkeit ermöglicht es, die Rohrwandstärke zu reduzieren oder einen höheren Betriebsdruck zuzulassen, so dass Schleudergussrohre als Hochdruckleitungen für Wasser einsetzbar sind. Das Verfahren eröffnete große technische und wirtschaftliche Möglichkeiten. Bei vergleichsweise niedrigen Selbstkosten konnte die Qualität der Rohre signifikant gesteigert werden.

Bahnbrechender neuer Werkstoff: Eine neue Ära begann 1956 mit dem Schleudern duktiler Rohre. Duktil bedeutet verformungsfähig. Anders als der bisherige Grauguss kann sich der zähe Eisen-Kohlenstoff-Werkstoff „duktiles Gusseisen" plastisch verformen. Duktile Rohre halten somit hohen Innendrücken und praktisch allen auftretenden Erd- und Verkehrsbelastungen stand. Sie können kaum mehr brechen und schützen zuverlässig das zu transportierende Trinkwasser vor äußeren Einflüssen – duktile Gussrohre sind diffusionsdicht – und bewahren die Umwelt vor Kontaminierungen durch Abwässer aus Leckagen. Als im Werk Wetzlar die ersten duktilen Gussrohre gefertigt wurden, ahnte noch niemand, dass zukünftige Einbauverfahren genau diese Eigenschaft der Gussrohre – zusammen mit

Recycling von Schrotten im Heißwind-Kupolofen.

46 WETZLAR IM WANDEL DER ZEIT

den später entwickelten Verbindungssystemen – zum Favoriten der „Generation Grabenlos" machen würde.

Verbindungstechnik für mehr Sicherheit: 1957 kam die Steckmuffenverbindung TYTON erstmalig zum Einsatz. Das TYTON-System funktioniert wie ein Gelenk. Es folgt den Bodenbewegungen, ohne Biegemomente auf die nächsten Rohre oder Formstücke zu übertragen. Diese Verbindung toppte Duktus zu Beginn des 21. Jahrhunderts durch die Entwicklung der BLS®-Verbindung, die ebenso einzigartig ist wie duktil und den weiteren Erfolg der Gussrohrtechnik entscheidend prägte. Die BLS®-Verbindung (Buderus-Lock-System) ist hochbelastbar, einfach und schnell zu montieren und damit für extreme Anwendungsfälle geeignet. Sie ist bei modernen Einbauverfahren unverzichtbar und macht Duktus-Rohre zum Maß der Dinge in puncto Zuverlässigkeit und Wirtschaftlichkeit.

Wegweisender Außenschutz der Rohre: Die in den 1970er-Jahren eingeführte Innen- und Außenbeschichtung erfuhr durch die Zementmörtel-Umhüllung (ZMU) eine Top-Variante. ZMU brachte wesentliche Vorteile – einen verbesserten Korrosionsschutz, der die Lebensdauer der Rohre auf 140 Jahre ausweitete und sie durch größere Robustheit auch bei grabenlosen Verlegungen nahezu unverzichtbar macht.

Rasante Entwicklungsfortschritte und Ressourcenschonung im Fokus: Im letzten Jahrzehnt des turbulenten 20. Jahrhunderts brachten die raschen Entwicklungsfortschritte der Elektronik einen weiteren Modernisierungs- und Automatisierungsschub in der Rohrfertigung.

1981 war der Hochofen auf der Sophienhütte ausgeblasen worden. Weit über 100 Jahre war das signifikante Bauwerk ein Industriewahrzeichen Wetzlars. Ersetzt wurde der Hochofen, einer der größten Produzenten von CO und CO_2, durch einen Kupolofen, der nun Emissionsverringerungen möglich machte. Im Hochofen wurde Gießerei-Roheisen aus Eisenerz unter Einsatz von großen Mengen an Koks erzeugt. Dagegen werden im Kupolofen Stahlschrott und Gussbruch aus der Gießerei (Gussrohre sind zu 100 Prozent recyclebar) als Sekundärrohstoffe wiederaufbereitet. Es werden keine fossilen Rohstoffe (Eisenerz) eingesetzt, sodass natürliche Ressourcen geschont und CO_2-Emissionen nachhaltig gesenkt werden.

Beispielhaft war die im Jahr 2016 geleistete Optimierung des Kupolofens, die eine Senkung des CO_2-Ausstoßes um mehr als sieben Prozent gegenüber dem Vorjahr brachte. Die Abwärme des Kupolofens nutzt Duktus für die Fernwärmeerzeugung. Fernwärme wird an Verbraucher in Wetzlar abgegeben. Auch dies trägt zu einer deutlichen Reduzierung der CO_2-Belastung der Umwelt bei. Viele weitere Investitionen im Werk Wetzlar spiegeln wider, um was es Duktus heute geht – den Ausbau des Systemgeschäftes und dabei ressourcenschonende Herstellungsprozesse und Stoffkreisläufe sowie um intelligente Systemüberwachungen mit dem HYDROSERVICE und seinem Serviceportal HYDROPORT. Duktile Gussrohre sind langlebig, allein deshalb schon ressourcenschonend. Netze sollen sicher sein und die Betreiber sollen Wartungen oder Sanierungen vorausschauend planen können, um die wertvolle Ressource Wasser zu schonen. Mit HYDROPORT wurde die Möglichkeit geschaffen, das Internet für die Wasserwirtschaft zu nutzen. Der Begriff „Internet des Wassers" mit der Software HYDROPORT ist die digitale Antwort auf die in den nächsten Jahren wachsende Anforderung an eine zuverlässige Wasserversorgung und eine sinnvolle und nachhaltige Optimierung der Netze, getreu der vonRoll Konzernvision – Null Wasserverlust.

Seit 2018 fertigt Duktus in Wetzlar neben Gussrohren auch duktile Pfahlsysteme für die Tiefengründung – ebenso ein Beitrag für die Umwelt, denn Duktus-Pfähle werden, wie die Duktus Rohre, aus 100 Prozent Recyclingmaterial hergestellt.

Vom Schrott zum hochwertigen duktilen Gussrohr – ein Recyclingprozess, der seinen Namen verdient.

Duktus – ein Unternehmen der vonRoll infratec Gruppe: 2003 wurde die Buderus AG Teil des Bosch-Konzerns. Wesentliche Teile der Guss-Aktivitäten wurden 2005 aus der Bosch-Gruppe herausgelöst und 2007 an eine Private-Equity-Gesellschaft verkauft.

Seit 2010 firmiert der Gussrohrhersteller unter dem Namen Duktus. Seit 2016 ist Duktus ein Unternehmen der schweizerischen vonRoll Infratec AG, zu der seit 2018 auch die im sächsischen Krauschwitz ansässige Formstück- und Armaturengießerei Keulahütte gehört.

1772 | Gerichtspraktikant Goethe

Lotte in Wetzlar

Der Sommer 1772 wurde zum Schicksalsjahr für die Dichtung: In Wetzlar sammelte der Gerichtspraktikant Johann Wolfgang Goethe die Ideen zu seinem Bestseller „Die Leiden des jungen Werthers". Auch wenn seine stürmische Liebe unerfüllt blieb, diente sie so doch einer höheren Bestimmung

Viel Platz ist nicht in Flur und Küche des weiß getünchten Verwalterhauses im Deutschordenshof, das heute zum Wetzlarer Stadtmuseum gehört. 1285 hatte die Heilige Elisabeth aus Marburg Mühlen und Ländereien in der Umgebung gestiftet. So ist der hiesige Ableger des Ordens samt Zehntscheune, Herberge und Stallungen entstanden. Zwar hat Ordens-Amtmann Heinrich Adam Buff das Verwalterhaus mit einer Podesttreppe ausstatten lassen, damit er Knechten und Mägden von oben Anweisungen erteilen konnte. Auch gibt es ein beheiztes Staatszimmer und einen Speiseraum für die Herrschaften. Doch wenn die zweitälteste Tochter des Hauses anstelle der im Kindbett verstorbenen Mutter ihren damals elf Geschwistern das Brot zum Essen schnitt, tat sie das ohne großes Zeremoniell und fröhlich umwuselt in der für ein Dutzend Leute gar nicht so großen Küche und dem angrenzenden Flur. Anschließend verzog sich jeder mit seinem Kanten über die knarzenden Holzböden an ein ihm genehmes Fleckchen.

So muss der junge Gerichtspraktikant Johann Wolfgang Goethe diese Szene am 10. Juni 1772 staunend erlebt haben. Sie hat ihn und damit womöglich die Literaturgeschichte für immer verändert. Goethe, aus begüterter Juristenfamilie in der Reichsstadt Frankfurt am Main stammend, war dem Vorbild seines Vaters, Großvaters und Urgroßvaters gefolgt und hatte sich am 25. Mai als Praktikant unter der Matrikel-Nummer 946 beim Reichskammergericht eingeschrieben. Nach Jurisprudenz war dem 23-Jährigen indessen gar nicht zumute. Gut möglich, dass er seinen Aufenthalt deshalb mit voller Absicht in die Zeit der Gerichtsferien legte. Wie manch anderer Student zu dieser Zeit ging er lieber seinen Neigungen nach und traf sich unter dem Pseudonym „Götz der Redliche" mit Gleichgesinnten zur Rittertafel im Gasthof Zum Kronprinzen.

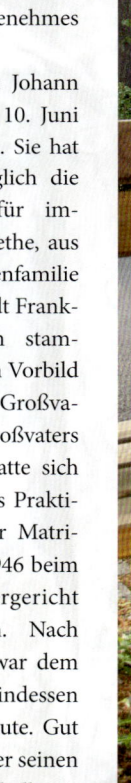

Sie verdrehte zwei Männern den Kopf: Charlotte Sophie Henriette Buff (1753 – 1828). Stich im Museum Lottehaus.

Die Juristerei lag ihm nicht. Lieber spazierte der 23 Jahre alte Johann Wolfgang von Goethe nach Garbenheim. Dort sitzt er heute in Bronze vor der Kirche.

48 WETZLAR IM WANDEL DER ZEIT

Charlotte allerdings war längst vergeben. Fünf Jahre zuvor hatte die Visitation des Reichskammergerichts Johann Christian Kestner als Sekretär der hannoverschen Delegation nach Wetzlar geführt. Und auch er war rasch dem Charme Charlottes erlegen und ihr alsbald fest versprochen. Auch Kestner wusste Goethe zu schätzen: „Er hat sehr viele Talente, ist … ein Mensch von Charakter, besitzt eine außerordentlich lebhafte Einbildungskraft… Von Vorurteilen frei, handelt er, wie es ihm einfällt, ohne sich darum zu bekümmern, ob es andern gefällt … Aller Zwang ist ihm verhasst", brachte er über den Frankfurter Juristen zu Papier. Aber Kestner notierte auch: „Er ist bizarr und hat in seinem Betragen … verschiedenes, das ihn unangenehm machen könnte." Das sollte sich alsbald bewahrheiten. Goethe rückte Charlotte nicht von der Pelle. Er ging in ihrem Elternhaus ein und aus, spazierte mit ihr durchs sommerliche Lahntal nach Garbenheim.

Eine Dreiecksbeziehung entstand und seit einem Vierteljahrtausend wird spekuliert, ob es womöglich sogar zu einem Kuss gekommen ist. Dann allerdings war Schluss: Kestner stellte den Nebenbuhler am 11. September zur Rede – und Goethe reiste am Boden zerstört und emotional aufgeregt ab – noch in der Nacht in Richtung Bad Ems, wo er bei Sophie von La Roche und ihrer Tochter Maximiliane unterkam.

Im Spätherbst bekam Goethe Post von Kestner: Ein guter gemeinsamer Bekannter hatte sich das Leben genommen, hieß es darin. Auch dieser Karl Wilhelm Jerusalem – man kannte sich aus der Studienzeit in Leipzig – hatte als Bürgerlicher unter Adeligen wenig Freude als Legationssekretär am Reichskammergericht. Und als er sich dann unglücklich in die verheiratete und ihm wenig zugeneigte Elisabeth Herd verguckte, war es um ihn geschehen. Jerusalem erschoss sich in seiner Wohnung am Schillerplatz 5 – auf dem Tisch hatte er theatralisch Lessings Trauerspiel Emilia Galotti aufgeschlagen.

Heute ist Jerusalems Sterbezimmer ebenso ein sehenswertes Museum wie das Lottehaus. Denn die dramatischen Ereignisse brachten Goethe wenig später auf die Idee für einen literarischen Welterfolg. „Die Leiden des jungen Werthers", dem erst in der Überarbeitung das Genitiv-S abhanden kam, wurde gleich nach seinem Erscheinen auf der Leipziger Buchmesse 1774 zum Bestseller.

Zunächst aus Rücksicht auf den wenig begeisterten Herrn Vater anonym verlegt, brachte der hoch emotionale Briefroman den Durchbruch für den Sturm und Drang in der Literatur und machte seinen Autor in ganz Europa zum literarischen Superstar. Von tiefen Gefühlen geleitet sollen unzählige Leser im Wertherfieber dem Beispiel des Romanhelden in den Tod gefolgt sein. 1948 benannte der Südkoreaner Shin Kyuk-ho sogar seinen Mischkonzern Lotte mit heute über 50 000 Beschäftigten nach Charlotte aus Wetzlar. Charlotte Buff folgte Johann Christian Kestner lieber wenig später nach Hannover und bekam mit ihm ein Dutzend Kinder. Auch Goethe war zur Hochzeit geladen und stiftete die Eheringe. Vorsichtshalber verlegte Charlotte die Trauung aber eine Woche vor, damit der gemeinsame Freund nicht tatsächlich anreisen konnte. Man beließ es fortan – sicher ist sicher – bei herzlichen Briefen.

Oben: Die Leiden des jungen Werthers – hier die noch anonyme Erstausgabe von 1774 im Museum Lottehaus – wurden auf Anhieb zum Welterfolg – und ihr Autor bald ein literarischer Superstar.
Unten: Im Verwalterhaus des Deutschordenshofs sorgte Charlotte Buff nach dem Tod ihrer Mutter für ihre zahlreichen Geschwister.

Schillerplatz 5: Hier erschoss sich am 29. Oktober 1772 der Legationssekretär Karl Wilhelm Jerusalem aus Schmach und enttäuschter Liebe.

WETZLAR IM WANDEL DER ZEIT

1796 | Französisches Intermezzo

Ein Pyrrhussieg für Karl

In der Schlacht von Wetzlar konnte Österreichs Erzherzog Karl die französischen Revolutionstruppen 1796 zurück über den Rhein werfen. Trotzdem wehte wenig später die Trikolore über der Stadt. Ein echter Zeitenwechsel kündigte sich an: Wetzlar verlor nicht nur seinen Sonderstatus als Reichsstadt, sondern auch das lukrative Reichskammergericht

Am 12. Juni 1796 standen sie sich vor Wetzlar unversöhnlich gegenüber: Französische Revolutionstruppen unter dem Banner der Trikolore und Truppen der alten Feudalordnung unter der Führung des Habsburger Erzherzogs Karl von Österreich. Die Revolution, die zunächst von vielen Intellektuellen auch im in die Jahre gekommenen, reformunfähigen Heiligen Römischen Reich Deutscher Nation mit Begeisterung verfolgt worden war, hatte die Gemüter entzweit. Ab 1792 hatte auch Wetzlar finanziell schwer unter wechselnden Einquartierungen zu leiden. Mit schweren Kanonen und einem großen Truppenaufgebot trat nun Karl dem Einmarsch der revolutionären Truppen entgegen.

Zwei Tage wütete die Schlacht vor den Toren der Stadt. Dann stand der Sieger fest. Die alten Mächte hatten sich zahlenmäßig durchgesetzt, die Franzosen rund 500 Männer verloren. Ein Sieg auf ganzer Linie war das allerdings nicht. Von vornherein war der Vorstoß nur als Nebenkriegsschauplatz gedacht, um Karl aus seiner Stellung links des Rheins zu locken. Als dies geglückt war, gaben die Franzosen vor Wetzlar nur scheinbar nach, holten gleichzeitig aber weitere Truppen über den unverteidigten Rhein und nahmen nur

Im April 1797 richtete Franzosen-General Lazare Hoche nach einem gestoppten Vorstoß gen Osten sein Hauptquartier in Wetzlar ein.

drei Wochen später die alte Reichsstadt Wetzlar ein. Im April 1797 richtete der erst 29 Jahre alte Franzosen-General Lazare Hoche nach einem gestoppten Vorstoß gen Osten in der Stadt sogar sein Hauptquartier ein. Hoche, der linksrheinisch für eine eigene Rhein-Republik eingetreten war und dort eine neue Zivilverwaltung aufgebaut hatte, wurde im gleichen Jahr zeitweise als Heeresminister gehandelt und galt als Konkurrent für den in Italien kämpfenden General Napoleon Bonaparte. Er erlag aber im Spätsommer desselben Jahres in Wetzlar einem chronischen Atemwegsinfekt.

Trotzdem war frühzeitig klar, dass die deutschen Fürsten links des Rheins in einem Frieden mit Frankreich ihre Territorien verlieren würden.

Um sie zu entschädigen, sollten die freien Reichsstädte ihren Status verlieren. Wetzlar wehrte sich mit Händen und Füßen gegen eine Eingliederung in das Territorium seiner ungeliebten Nachbarn. Als eine Reichsdeputation unter dem Kanzler Franz Joseph von Albini von Kurmainz – sein Vater war Assessor am Reichskammergericht – die Stadt 1802 dem Reichskanzler und Mainzer Kurfürsten Karl Theodor von Dalberg zuschlug, machten die Stadtbewohner innerlich Luftsprünge. Noch bevor der Reichsdeputationshauptschluss 1803 die Neuordnung festschrieb, leisteten die Stadtoberen ihren Treueeid.

„Lang noch und hoch lebe seine Königliche Hoheit, Großherzog Karl Theodor", wünschte das Wetzlarische Gemeinnützige Wochenblatt später dem neuen Landesherrn und forderte ihn auf: „er bleibe wie er bis hierher war, ein guter Vater seiner Untertanen". Mit Dalberg und seinem örtlichen Vertreter, dem Hof- und Regierungsrat Joseph Adam Mulzer, hatte die Stadt tatsächlich Glück im Unglück gehabt. Beide bemühten sich energisch um eine wichtige Modernisierung der Verwaltung und der Schulen. Die Zünfte wurden ihrer politischen Bedeutung enthoben. Justiz und Polizei übertrug Mulzner einem neuen Stadtamt und beschränkte die Arbeit des Stadtrats auf die politische Vertretung. Gleichzeitig setzte er

Rechts: Am 12. Juni 1796 standen sie sich vor Wetzlar unversöhnlich gegenüber: Französische Revolutionstruppen unter dem Banner der Trikolore und Truppen der alten Feudalordnung unter der Führung des Habsburger Erzherzogs Karl von Österreich. Kupferstich im Stadtmuseum Wetzlar.

Foto: Stich von Bosselmann

Foto: Martin Wein

50 WETZLAR IM WANDEL DER ZEIT

...oßer und entscheidender Sieg durch Hülfe der tapfern Sachsen unter Anführung des R...
...Feld=Marschalls, Erzherzog Carl, bey Wald=Kirch nahe Wetzlar, am 15. Junius 1796.

... Altenberger Wald. b. Französische Batterien an dieser Waldspitze. c. 2 deutsche ...
... Erzherzog Carl. e. Sächsische Cavallerie mit verhängten Zügel. f. Sächsische ...

WETZLAR IM WANDEL DER ZEIT

aber viele Vertreter der bisher einflussreichen Familien in die neuen Ämter ein und vermied so größeren Widerstand der alten Eliten. Eine Armenanstalt sollte das Los der Mittellosen mit Arbeit, finanzieller Unterstützung und schulischer Bildung lindern, eine Schuldenkasse den maroden Stadthaushalt sanieren. Das Marienstift war schon 1803 mit dem Reichsdeputationshauptschluss säkularisiert worden. Das Stiftungsvermögen investierte Dalberg in einen nach ihm benannten Kirchen- und Schulfonds.

Dem Ende des Alten Reichs konnten und wollten Dalberg und Mulzer indessen nichts entgegensetzen. Im Gegenteil: 1806 gründete der Fürstbischof mit 15 weiteren Fürsten den Rheinbund und wurde von Napoleon dafür als Fürstprimas mit weiteren Ländereien und dem Titel Großherzog von Frankfurt belohnt. Am 6. August 1806 legte Kaiser Franz II. daraufhin die Krone nieder und entband sämtliche Reichsdiener mit sofortiger Wirkung ihrer Dienstpflicht.

Der 6. August war der schwarze Tag für Wetzlar im 19. Jahrhundert. Rund 500 Angestellte des Reichskammergerichts verloren von einem Tag auf den anderen ihre wirtschaftliche Existenz – und mit ihnen Wirte, Händler, Kutscher, Boten und viele Handwerker, die 200 Jahre von den Aufträgen des Gerichts und seiner anspruchsvollen Beschäftigten gut gelebt hatten. Für Wetzlar war es die zweite wirtschaftliche Katastrophe seiner Geschichte. Die Zünfte klagten, Wetzlars Bürger hätten mehr verloren „als wenn in den seitdem wütenden Kriegen die Flammen ihre Wohnungen und Habseligkeiten verzehrt hätten". In jenem Fall gebe es Hoffnung auf Ersatz. Wetzlar hingegen bleibe bloß „das trostlose, schmerzliche Andenken an den ehemaligen, durch ein schreckliches unverschuldetes Geschick auf immer zerstörten Wohlstand".

Wirklich falsch war diese Prognose nicht. In nur sechs Jahren verlor die Stadt bis 1812 rund 900 ihrer bislang 5160 Einwohner. Wer blieb, verfiel oftmals in Armut. Und erst zwei Generationen später bot die Industrialisierung neue Perspektiven. Auch dem ernsthaften Versuch des Landesherrn, mit einer Rechtsschule die Juristen in der Stadt zu halten, war wenig Glück beschieden. Dalberg wollte dort die Einführung von Napoleons Code Civil vorbereiten. Doch auch wenn sich anfangs bis zu 26 Studenten einschrieben, saß die Schule nur fünf Jahre später praktisch ohne Schüler da. 1813 wurde der Lehrbetrieb eingestellt, das Gebäude als Lazarett verwendet.

Zeitweise mussten die Wetzlarer damit rechnen, künftig Bürger Frankreichs zu werden. Ab 1810 ließ Dalberg alle jungen Männer zwischen 18 und 25 Jahren zum Militärdienst einziehen, es sei denn, sie konnten sich für viel Geld davon freikaufen. Im Jahr darauf versprach Napoleon das Großherzogtum Frankfurt nach Dalbergs Tod seinem Stiefsohn Eugène Beauharnais.

Die viertägige Völkerschlacht bei Leipzig machte dann jedoch im Oktober 1813 alle diese Pläne zunichte.

Der Mainzer Kurfürst Karl Theodor von Dalberg bemühte sich ab 1802 als neuer Landesherr in Wetzlar um eine Modernisierung von Verwaltung und Schulen. Gemälde von Johann Anton Tischbein.

WETZLAR IM WANDEL DER ZEIT

1808 | J.J. Völk Wetzlar GmbH

Um die Ecke oder ans andere Ende der Welt

Ständig auf Achse: Seitdem Johann Jakob Völk 1808 in Wetzlar sein Fuhrunternehmen gründete, ist die Familie mit Transporten unterwegs. In der dazugehörigen MAN Nutzfahrzeug-Werkstatt werden außerdem Lkw wieder für die Straße fit gemacht

Ein Stubenhocker sollte nicht sein, wer sich beim Wetzlarer Speditionsunternehmen J.J. Völk bewirbt. Denn auch wenn das Familienunternehmen in mehr als 200 Jahren seiner Heimatstadt Wetzlar treu geblieben ist, sind die gelben Lkw von Völk doch auf den Straßen Europas zuhause. Und das mit Tradition: Schon 1808 machte sich der Firmengründer Johannes Völk mit einem Fuhrdienst selbständig. Der 38-Jährige hatte erkannt, dass der zunehmende Warenumschlag zu den Messeorten in Frankfurt / Main, Leipzig und in Preußens Hauptstadt Berlin zuverlässige Spediteure benötigte. An die Eisenbahn war damals noch nicht zu denken: Pferd und Wagen übernahmen auf Chausseen und Landstraßen die Logistik.

Völks Sohn Johann Jakob ging mit der Zeit. Statt über die Konkurrenz zu stöhnen, übernahm er nur drei Jahre nach der Eröffnung der Bahnstrecke durchs Lahntal 1870 den Weitertransport der gelieferten Güter zu den Bestellern. Bahnamtliche Rollabfuhr hieß das offiziell. Spätere Generationen versuchten sich auch im Betrieb einer Ziegelei, doch das Kerngeschäft blieb der Gütertransport.

Erst Hans Georg Völk stellte nach dem Zweiten Weltkrieg wieder wesentliche Weichen neu. Als Ersatz für das Stammhaus in der Barfüßergasse ließ er 1964 einen neuen Firmensitz in der Ludwig-Erk-Straße errichten. Hier war dann auch Platz für eine eigene Werkstatt für Nutzfahrzeuge, die bis heute als eigenständige Gesellschaft agiert. Über 30 Jahre war das Unternehmen Servicepartner von Mercedes Benz, seit mehr als 18 Jahren von MAN Truck & Bus Deutschland GmbH. Aus dem eigenen Speditionsgeschäft wissen die Völks, wie wichtig es ist, Lkw möglichst schnell wieder auf die Straße zu bringen. Serviceorientierung und Termintreue sind deshalb oberstes Gebot. Überdies engagiert sich das Unternehmen aktiv in der Ausbildung, in der Integration Geflüchteter und lokalem Sport-Sponsoring.

Das Umzugsunternehmen bedient unter der Leitung des jetzigen Inhabers Patrick Völk heute wie früher sowohl private wie gewerbliche Kunden. Umzüge egal ob in die Nachbarstraße oder nach Übersee gehören zum Kerngeschäft. Die Mitarbeiter haben Aufträge schon an die Fjorde Norwegens, zur Côte d'Azur oder nach New York geführt – auch an Umzügen von Ämtern, Unternehmen und Archiven ist man häufig beteiligt. Entrümplungen, Wohnungsauflösungen, Räumungen und Lagerungen gehören bei Bedarf ebenso dazu wie die Lieferung im Baumarkt bestellter Waren zum Kunden. Wenn ein Ortswechsel ansteht, machen die Profis von Völk den Neuanfang um einiges leichter – und das mit der Erfahrung aus sechs Generationen.

Umzüge nach nebenan oder Übersee – die erfahrenen Helfer von Völk legen professionell Hand an.

Links oben: 1924 war der erste Lastwagen der Firma Völk auf der Straße.
Links unten: Am Firmenstandort im Dillfeld befinden sich Spedition, Lkw-Werkstatt und Verwaltung.

1815 | Wetzlar wird preußisch

Außenposten der Rheinprovinz

Der Sieg über Napoleon und seine Vasallen brachte Wetzlar in den Schoß der neuen Großmacht Preußen. Abgeschnitten vom Rest des Landes blieb Wetzlar dennoch über viele Jahrzehnte ein unterentwickeltes Sorgenkind. Viele suchten ihr Heil in der Flucht ins Land der angeblich unbegrenzten Möglichkeiten

Wetzlar feiert Geburtstag. Am 3. August 1815 rufen die Glocken der Marienkirche die Bürger der Stadt zu ganz besonderen Feierlichkeiten. Preußen-König Friedrich Wilhelm III. wird im fernen Berlin 45 Jahre alt. Da wollen auch Wetzlars Honoratioren nicht abseits stehen. Im Festgottesdienst lauschen sie einer staatstragenden Predigt. Anschließend versammelt man sich zum Festmahl. Und zum Abend hin wird – wie es in diesen noch dunklen Zeiten ohne Straßenbeleuchtung und elektrisches Licht beliebt ist – die ganze Stadt im Schein unzähliger bengalischer Lichter festlich beleuchtet.

So schnell konnte es gehen in diesem bewegten, so lang gefühlten 19. Jahrhundert, in dem so unglaublich viel die Welt veränderte. Eben noch ein zweitrangiges Fürstentum in den sandigen Marken von Brandenburg war Preußen spätestens auf dem Wiener Kongress zum europäischen Player empor gewachsen und hatte sich auch das ehemals freie Wetzlar mir nichts dir nichts einverleibt. Der bisherige Landesherr Karl Theodor von Dalberg hatte mit Napoleon auf den Falschen gesetzt. Nachdem beide Lager im Herbst 1813 in der

Der Wiener Kongress brachte Wetzlar als Enklave zu Preußen, umgeben vom Herzogtum Nassau und dem Großherzogtum Hessen.

Völkerschlacht von Leipzig blutig aufeinandergeprallt waren, musste Dalberg als exponierter Vertreter der Verlierer-Seite seinen Hut nehmen. Das Herzogtum Frankfurt kam zunächst unter Verwaltung der siegreichen Koalition, wenig später dann zu Preußen. Nach dem Wiener Kongress nahm der aus Berlin entsandte Kommissar Sotzmann am 27. Juli 1815 die Stadt offiziell für die Hohenzollern in Besitz und schlug sie der Rheinprovinz mit dem Verwaltungssitz in Koblenz zu. In der Stadt war die Erleichterung spürbar, jetzt endlich Anschluss an einen tongebenden Staat gefunden zu haben. Dennoch blieb die Lage prekär. Zwar wurde Wetzlar schon im Jahr darauf Hauptstadt eines neuen, gleichnamigen Landkreises mit dem Juristen Friedrich Felix Furkel an der Spitze. Sechs Jahre später wurde auch der Kreis Braunfels mit Wetzlar verschmolzen. Die

Um 1850 hatte die Industrialisierung Wetzlar – hier auf dem kolorierten Stahlstich eines unbekannten Künstlers – noch nicht erreicht.

administrativen Voraussetzungen für eine Verzahnung von Stadt und Umland wurden damit geschaffen. Außerdem bekam die Stadtbevölkerung Zuwachs durch preußische Militärs. Etwa 400 bis 500 Soldaten des Rheinischen Schützen-Bataillons, später des Rheinischen Jäger-Bataillons Nr. 8, zogen in der Stadt ein. Sie füllten viele leerstehende Immobilien des Reichskammergerichts mit Leben, quartierten sich aber auch im ehemaligen Franziskanerkloster und in der Herberge der Deutschordensritter ein. Als Standortverwaltung wurde 1861 die Hauptwache am Domplatz gebaut. Die Michaelskapelle wurde ihre Pulverkammer. Und manche Wetzlarer Tochter ging mit einem der Herren in ihren feschen Uniformen den Bund fürs Leben ein.

Trotzdem blieb die Stadt weit abgeschlagen vom Puls der Zeit, umschlossen vom Großherzogtum Hessen und vom Herzogtum Nassau. Vom Rest der Rheinprovinz trennten sie gut 60 Kilometer, die noch nicht von Fernstraßen oder Bahnverbindungen erschlossen waren. Die Rückständigkeit der Stadt verschärfte sich dadurch weiter. Je mehr die wirtschaftliche Entwicklung stagnierte, desto mehr klammerten sich die Handwerker indessen an ihre alten Zünfte, „in unaufhörlichen unangemessenen Klagen sich ergießend" und „die Nahrung eifersüchtig bewachend", wie der langjährig engagierte Landrat Julius Karl von Sparre – im Amt von 1822 bis 1845 – verdrossen notierte. Erst 1845 wurden die Zünfte abgeschafft.

Statt sich der nötigen Modernisierung zu widmen, flohen viele vor der Verarmung in der Hungerdekade um 1840 nach Übersee. 1845 gründete Carl Prinz zu Solms-Braunfels im Auftrag des Vereins zum Schutze deutscher Einwanderer in Texas etwa auf 500 Hektar erworbenem Land die Stadt New Braunfels. Mit ihrem Bratwurst-Festival lässt sie noch heute deutsche Traditionen hochleben.

Politisch behielten die eigensinnigen Wetzlarer indessen ihren eigenen Kopf. Als in den 1840er-Jahren politische Forderungen nach einer Einheit Deutschlands und nach demokratischen Reformen laut wurden, entsandten sie nicht nur freudig Vertreter ins Vorparlament und später in die Nationalversammlung in der Frankfurter Paulskirche. Auch lokale Anliegen nach mehr Selbstverwaltung, gerechteren Steuern und einem Ende der fürstlichen Sonderrechte der Herren von Braunfels brachten sie vor. Tatsächlich hatten Bürger schon früher die besonders unbeliebte Mahl- und Schlachtsteuer mit beharrlichen Protesten zu Fall gebracht. Neben dem konservativ-liberalen konstitutionellen Klub aus etwa 60 Herren gründete sich auch ein Bürgerverein, dessen 300 Mitglieder für eine demokratische Verfassung ohne Ansehen des Vermögens eintraten. Auch als nach dem blutigen Ende der Märzrevolution von 1848 Preußen mit dem Dreiklassenwahlrecht praktisch jede Beteiligung Minderbemittelter, ja selbst des größten Teils des Bürgertums unterband, legten die Wetzlarer Verantwortlichen die Regel zunächst betont liberal aus, indem sie die Einkommensgrenzen für die Wahlklassen möglichst niedrig ansetzten. Dem politischen Mehltau, der sich für die kommenden Jahrzehnte über die Stadt legen sollte, konnten sie dennoch wenig entgegensetzen.

Als Standortverwaltung der Rheinischen Jäger wurde 1861 die Hauptwache am Domplatz gebaut.

Foto: Martin Wein

1841 | Bergbau und Industrialisierung

Ein heißes Eisen

Zeitweise wurde in 100 Gruben auf Wetzlarer Stadtgebiet für den Eisenhunger der sich beschleunigenden Welt geschuftet. Als 1872 das Hochofenwerk neben dem neuen Bahnhof angeblasen wurde, war Wetzlar endgültig in der Neuzeit angekommen

Zwei Generationen verstrichen nach dem Ende des Reichskammergerichts, bis in dem zur kleinen Landstadt abgesunkenen Wetzlar wieder nennenswertes Geschäftsleben einkehrte. Während sich andernorts die Vorboten der Industrialisierung bereits bemerkbar machten, pflügten viele Wetzlarer Bürger stumpf ihre kleine Scholle und die Gemüsebeete oder kehrten ihrer Heimat den Rücken. Neben den üblichen Handwerkern wie Müllern, Bäckern oder Schuhmachern gab es zudem ein paar Färbereien, Gerber, Hutmacher, Seifensieder und Messerschmiede – alles Betriebe ohne oder mit wenigen Angestellten und Lehrjungen. Da die Stadt auch als Verwaltungszentrum nur von untergeordneter Bedeutung war, kam allenfalls dem Gymnasium, das auch Schüler aus der Umgebung besuchten, eine gewisse Bedeutung zu.

Gegen die Krisen der Zeit war die Stadt damit schlecht gerüstet, die Verarmung breiter Kreise allgegenwärtig. Auch dem Jungen des preußischen Unteroffiziers Johann Gottlob Bebel entging das nicht. In den Kasematten der Festung Deutz geboren, kam der vier Jahre alte August Bebel 1846 mit seiner Mutter zu deren Familie nach Wetzlar. Sein Vater war zuvor der Lungentuberkulose erlegen, sein Stiefvater ebenfalls gestorben. In der Armenschule im Deutschordenshof lernte er lesen und schreiben. Als auch Wilhelmine Bebel (geb. Simon) neun Jahre später verschied, wurde der Waise vom Fonds des Wetzlarer Apothekers Johann David Winkler finanziell unterstützt. So konnte er – wenn auch ohne besondere Begeisterung – eine Ausbildung zum Drechsler abschließen. Seine frühen Wetzlarer Jahre mögen Bebels spätere politische Tätigkeit als Mitbegründer der Sozialdemokratie vorbereitet haben. Voller Dankbarkeit hinterließ er dem Magistrat der Stadt Wetzlar jedenfalls 1913 poshum ein Vermögen von 6000 Reichsmark.

Als im Jahr 1841 in der Stadt das erste Puddel- und Walzwerk seine Arbeit aufnahm, wurde das sicherlich noch nicht als Beginn einer neuen Zeit wahrgenommen. Auch dass im Stadtgebiet im Jahrzehnt zuvor gleich elf neue Eisenerzgruben eröffnet wurden, die Hunderten eine wenn auch schlecht bezahlte Arbeit boten, erschien vielen Bewohnern zwar als erfreulich aber nicht als revolutionär. Auch heute steht der Eisenmarkt mit der Statue der Heiligen Barbara – seinerzeit gestiftet vom Buderus-Konzern – für die enge Verbindung der Stadt mit der Eisenverhüttung.

Der Dreißigjährige Krieg hatte allerdings den Erzbergbau auch im Raum Wetzlar und die Metallverhüttung weitgehend zum Ruhen gebracht. Erst mehr als fünf Jahrzehnte nach Kriegsende hatte der Sohn eines Bäckermeisters aus Nassau einen Neubeginn gewagt. Er griff zu, als sein Landesherr Friedrich Ernst Graf zu Solms-Laubach 1707 einen neuen Hochofen samt Gießerei und wenig später einen Eisenhammer zur Umwand-

Ursprünglich war Niedergirmes ein beschauliches Dorf jenseits der Lahn. Doch die Eisenbahn brachte den Anschluss an weit entfernte Märkte.

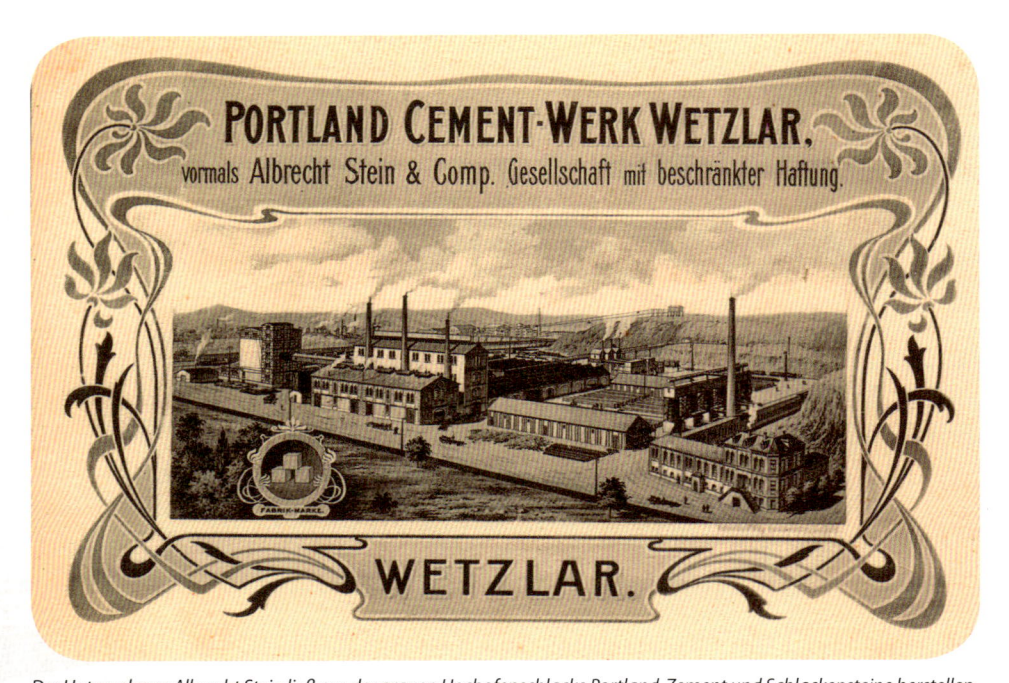

Der Unternehmer Albrecht Stein ließ aus der grauen Hochofenschlacke Portland-Zement und Schlackensteine herstellen.

WETZLAR IM WANDEL DER ZEIT

lung von Roheisen in Schmiedeeisen bauen ließ. 1717 übernahm dieser Johann Wilhelm Buderus die Verwaltung des Betriebs. Seine Familie hatte bereits Erfahrungen im Hüttenwesen. Buderus steckte viel eigenes Kapital in den Betrieb. Eine Kautionszahlung machte ihn am 14. März 1731 zum Pächter und Begründer eines späteren Großkonzerns.

Das Unternehmen wuchs rasch, denn mit der Eisenbahn ließen sich die Eisenerzvorkommen an der Lahn und die Kohleflöze im Ruhrgebiet endlich kostengünstig verbinden.

Ein historischer Glücksfall für Wetzlar: Am 1. August 1872 ließ Georg Buderus vor den Toren der Stadt gleich neben dem neuen Bahnhof in Niedergirmes einen Hochofen anblasen, der mit Koks befeuert wurde. Im Jahr darauf folgte ein zweiter – benannt nach seiner Mutter: Die Sophienhütte.

Das neue Industriewerk wurde zum Katalysator einer raschen nachholenden Entwicklung. Kalksteinbrüche im Stadtgebiet lieferten eine weitere Zutat für die industrielle Verhüttung. Insgesamt rund 100 Bergwerke sorgten für ständigen Nachschub an Rot- und Brauneisenstein. Doch nicht nur Zulieferer gab es. Der Unternehmer Albrecht Stein ließ aus der grauen Hochofenschlacke sogenannten Portland-Zement und Schlackensteine herstellen. Vier Jahre nach der Sophienhütte begann die Carolinenhütte nebenan mit dem Metallwalzen und alsbald mit der Herstellung von Schrauben. Zum Ende des Jahrzehnts kamen die Marmorwerke Dyckerhoff & Neumann hinzu, die Bauelemente und Fertigkunst für den Weltmarkt lieferten.

Zwar stellte die Sophienhütte in Wetzlar 1981 ihre Produktion ein. Die Standorte an Rhein und Ruhr in der Nähe der Kohlegruben produzierten den Stahl wirtschaftlicher und ausländische Konkurrenz drückte die Preise. Doch den angefahrenen Zug der Industrialisierung stoppte dieser Tiefschlag nicht mehr. Wetzlar war wirtschaftlich endlich voll in der Moderne angekommen und litt anders als die großen Industrieviere dennoch nicht so unter ihren Folgen. Denn auch wenn in den Werken Hunderte Arbeit fanden, blieb der Bevölkerungszuzug doch in engem Rahmen. Zu massenhafter Pauperisierung der Arbeiterschaft kam es nicht. Und andere findige Unternehmertypen hatten sich längst mit innovativer Technik und neuen Produkten am Markt etabliert und viele neue Arbeitsplätze geschaffen.

Auch heute steht die heilige Barbara als Schutzpatronin der Gießer auf dem Eisenmarkt.

Rauchende Schlote: Um die Wende zum 20. Jahrhundert hatte sich Niedergirmes zum Industrierevier entwickelt.

1876 begann die Carolinenhütte mit dem Metallwalzen und alsbald mit der Herstellung von Schrauben.

WETZLAR IM WANDEL DER ZEIT 57

1849 | Optische Industrie

Licht-Einfälle

Drei Männer legen den Grundstein für Wetzlars optische Industrie: Karl Kellner, Moritz Hensoldt und Ernst Leitz machen aus ihren technischen Innovationen begehrte Produkte. Mikroskopie, Fotografie und Geodäsie erleben in der Stadt viel beachtete Entwicklungsschübe. Immer kommt es dabei auf den richtigen Licht-Einfall an

Es war eine innige Freundschaft mehrerer Tüftler, die das abgelegene Wetzlar in der zweiten Hälfte des 19. Jahrhunderts zu einem Zentrum optischer und feinmechanischer Entwicklung und Industrie aufsteigen ließ. Ihre Erfindungen und ihr Erfolg riefen andere auf den Plan, die in benachbarte Geschäftsfelder einstiegen und ihrerseits mit Innovationen von sich reden machten. So wurde Wetzlar um die Jahrhundertwende ein Inkubator technischen Fortschritts.

Die Grundlagen dafür waren weitaus älter. Bereits im Altertum hatten Gelehrte leere Rohre benutzt, um beim Blick in die Sterne Streulicht auszuschalten. Tüftler wie Leonardo da Vinci träumten dann in der Renaissance davon, diese Rohre mit geschliffenen Brillengläsern zu kombinieren. Als erstes gelang dies dem deutsch-niederländischen Brillenschleifer Hans Lipperhey 1608 im Unabhängigkeitskampf der spanischen Niederlande. Er kombinierte zwei Linsen mit einer Blende, die das gebrochene Bild scharf erscheinen ließ.

Ein Problem allerdings blieb: Je nach Wellenfrequenz wird das Licht im Glas unterschiedlich stark gebrochen. Es kommt zu einer farblichen Vergrößerungsdifferenz mit einem unscharfen Bild und rot-grünen oder blau-gelben Farbsäumen an den Bildrändern. 1849 lieferte der erst 23 Jahre alte Autodidakt Ernst Kellner mit seinem Aufsatz „Das orthoskopische Ocular" für dieses Problem eine Lösung. Kellner kombinierte drei Linsen miteinander – eine davon positiv, eine negativ – und konnte so die Verzerrungen ausgleichen. Mit seinem sogenannten Kellner-Ocular war dem jungen Mann aus Hirzenhain ein Durchbruch gelungen, der nicht nur den Blick in die Sterne, sondern vor allem auch die Erkundung kleinster Strukturen revolutionieren sollte.

Geholfen hatte ihm neben der mechanischen Ausbildung und privatem Mathematik-Unterricht vor allem die Begegnung mit dem nur fünf Jahre älteren Feinmechaniker Moritz Hensoldt. Bei einem Aufenthalt in Hamburg waren sich beide über den Weg gelaufen und Hensoldt wirkte später auch an Kellners Aufsatz mit. Zwar scheiterten drei Anläufe zu einer gemeinsamen Firma, doch blieben die beiden Männer sich zeitlebens freundschaftlich verbunden. So kam es, dass Kellner nach seiner Rückkehr in die Heimat in der Werkstatt des ausgewanderten Klavierbauers Greiner eine eigene optische Werkstatt eröffnete. Kellner war nicht nur optisch geschickt. Er konnte auch verkaufen. Zahlreichen Forschergrößen seiner Zeit bot er seine Erfindung an und belieferte mit durchweg positiven Referenzen wenige

Moritz Hensoldt kam 1865 nach Wetzlar und spezialisierte sich bald auf den Bau von Doppelfernrohren. Das Pastellbild von F. Kleffedorfer zeigt ihn als jungen Mann im Jahr 1841.

Ein Zeitdokument von besonderem Wert: 1913 belichtet Oskar Barnack das erste Kleinbild-Negativ. Es zeigt den Eisenmarkt vor dem Ersten Weltkrieg.

Foto: Oskar Barnack

Jahre später Universitäten und vermögende Wissenschaftler auch mit kompletten Fernrohren oder Mikroskopen.

Ein langes Leben war Kellner indessen nicht vergönnt. Schon 1855 erlag er mit 29 Jahren der Lungentuberkulose. Zuerst seine Witwe, dann deren Angestellter und Ehemann Christian Belthle führten den Betrieb mit einem Dutzend Mitarbeitern weiter. Auch wenn es nicht mehr so rund lief, lockte die Qualität der optischen Instrumente 1864 den jungen Ernst Leitz nach Wetzlar. Der erst 21 Jahre alte Badener hatte in der Schweizer Uhrenindustrie gelernt, wie man eine Massenfertigung organisiert. Bald wurde er Teilhaber, nach Belthles Tod Eigentümer des „Optischen Instituts", das er bald unter eigenem Namen fortführte. 1880 konnte er bereits 500 Mikroskope im Jahr ausliefern. Der Beginn eines Weltkonzerns war gemacht.

Auch Moritz Hensoldt zog es 1865 nach Wetzlar, wo er bei Kellners Schwester deren Cousine kennenlernte und bald darauf heiratete. Zusammen mit einem Cousin seiner Frau aus Braunfels produzierte er zunächst ebenfalls Mikroskope, konzentrierte sich aber später vor allem auf Doppel-Fernrohre, Teleskope, Zielfernrohre und Entfernungsmesser. Sowohl das deutsche als auch das britische Heer wurden Großkunden. Auch nachdem die Carl-Zeiss-Stiftung 1928 die Mehrheit des Unternehmens übernommen und die Hensoldt AG 2006 in Carl Zeiss Sports Optics GmbH umfirmierte, ist das Unternehmen seinem Produktspektrum in 150 Jahren treu geblieben.

Die Bekanntschaft zu Moritz Hensoldt hatte auch den jungen Instrumentenbauer Christian Kremp inspiriert. Kremp konstruierte 1883 für Hensoldt einen Antrieb mit schrägen Verzahnungen, der das Wegspringen des Mikroskoptischen verhindert. Wenig später machte er sich mit einem eigenen Unternehmen für Mikroskope und Kameras selbständig, das noch heute in Familienhand ist.

Doch auch andere Unternehmer machten wegweisende Erfindungen. 1908 entwickelte Arthur Pfeiffer in Wetzlar seine Öl-Vakuum-Pumpe, die für viele technische Prozesse benötigt wird. Aus dem Unternehmen ist ebenfalls ein Weltmarktführer hervorgegangen, der diese Position bis heute hält. Und die Ballung feinmechanischer Kompetenz zog andere an. Nach dem Zweiten Weltkrieg baute beispielsweise der deutsch-niederländische Philips-Konzern 1947 in Wetzlar ein Werk für Reise- und Autoradios. Die Fertigung lief bis zum Ende des Jahrtausends.

Eine weitere zentrale Innovation stammte indessen aus den eigenen Reihen. Leitz-Entwicklungschef Oskar Barnack hatte eine handliche Kamera entwickelt, die jeweils ein Bild eines Kinofilmstreifens belichtete. So konnte man die richtige Belichtung testen ohne jeweils einen ganzen Streifen des teuren Films entnehmen zu müssen. Aus dieser Entwicklung heraus entstand 1913/14 die Idee einer kompakten Kamera für Schnappschüsse. Barnack selbst litt an Asthma und konnte die schweren Fotoapparate seiner Zeit nicht herumschleppen. Deshalb schrumpfte er in seiner Freizeit das übliche Filmformat von 35 Millimetern auf das günstigere Kleinbildformat von 24 x 36 mm und baute dazu einen Belichtungsapparat mit festem Verschluss. Eines der ersten Motive war 1914 der Eisenmarkt in Wetzlar. 1924 ging die Ur-Leica in Serie.

1941 flüchtete der Deutsch-Balte Walter Zapp von Riga nach Westen, im Gepäck das Holzmodell seiner Minikamera mit einem Filmformat von 8 x 11 mm. Wohl nicht durch Zufall kam er nach Wetzlar. Seine Minox A wurde nach dem Zweiten Weltkrieg ein Verkaufsschlager, das Unternehmen bald ein wichtiger Arbeitgeber mit Hunderten Beschäftigen. Zapp selbst hatte davon wenig. Er hatte sich 1955 mit seinem Anteilseigner überworfen und aus der Firma zurückgezogen. 2014 kehrte die Leica Camera AG, ein Teil des 1996 aufgespaltenen Leica-Konzerns, an den Ort ihres Entstehens zurück. Mit dem auch architektonisch wegweisenden Leitz-Park mit seiner gläsernen Fabrik und einem Besucherzentrum hat das Unternehmen der eigenen Geschichte und Entwicklung inzwischen ein Denkmal gesetzt. Das Viseum hingegen ist ein Gemeinschaftsprojekt der in Wetzlar ansässigen Unternehmen der optischen Industrie. In einem Nebengebäude des Stadtmuseums verraten sie in einer Mitmach-Ausstellung anschaulich und mit vielen Experimenten zum Selbermachen, wie Physiker und findige Autodidakten die neu entdeckten Gesetze der Optik und Feinmechanik im 19. und 20. Jahrhundert in marktreife Produkte umsetzten.

Mit einer Kombination dreier Linsen revolutionierte Carl Kellner die Optik und begründete die Optische Industrie in Wetzlar. (Urheber unbekannt)

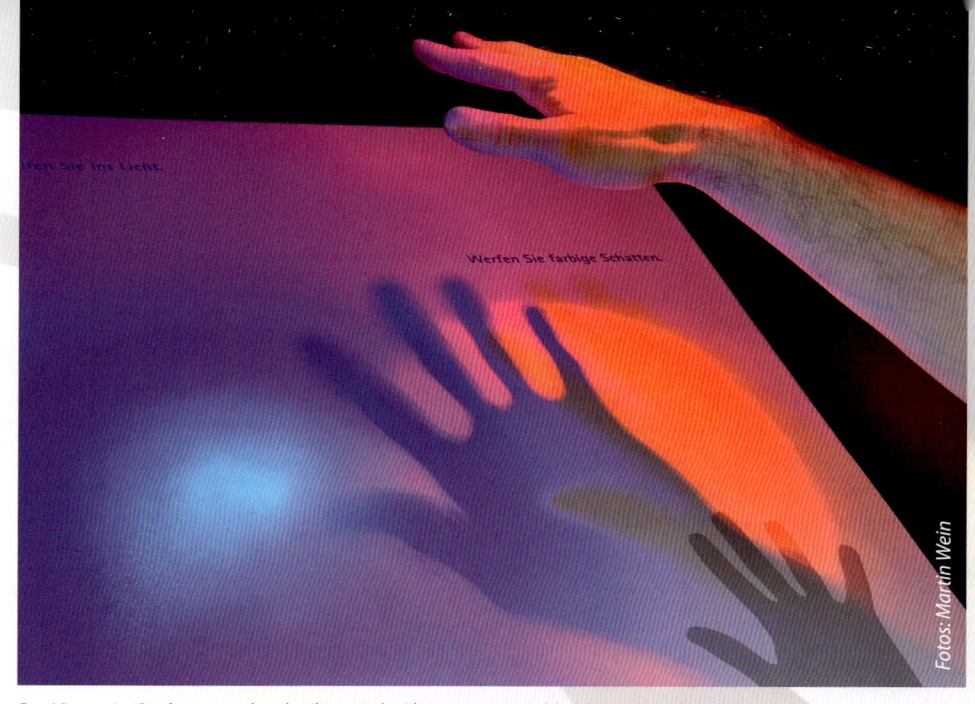

Das Viseum im Stadtmuseum beschreibt optische Phänomene an zahlreichen Mitmachstationen.

Fotos: Martin Wein

WETZLAR IM WANDEL DER ZEIT

1862 | Die Eisenbahn kommt spät

Anschluss an die Welt

Auch weil man zunächst auf den Ausbau der Lahn als Transportweg setzte, kam die Eisenbahn verspätet ins Lahntal. Ab 1862/63 wurde Wetzlar dann gleich auf zwei Strecken angefahren – mit einer unerfreulichen Folge für den Bahnhof. Der stand für Jahrzehnte im Nachbardorf

Stahl und Beton sind die Grundbausteine der Moderne. Ohne sie gäbe es keinen modernen Hochbau, keine Straßenbrücken, Gasometer, Eisenbahnen oder Automobile. Endlich bessere Zeiten standen damit auch Wetzlar und Weiburg mit ihren Erzvorkommen ins Haus, als die Industrialisierung in den 1830er-Jahren allmählich Fahrt aufnahm. Die Besitzer der zeitweise über 100 Gruben in Wetzlar rieben sich die Hände. Allerdings schlief auch die Konkurrenz nicht. In England hatte die Industrialisierung rund eine Generation früher eingesetzt und entsprechenden Vorsprung. Von dort schwappte nun ein großes Angebot an relativ kostengünstigem Roheisen über den Ärmelkanal. Denn im Unterschied zum Lahn-Dill-Raum waren die englischen Lagerstätten über Seewege und erste Eisenbahnen gut erschlossen und die Transportkosten mithin günstig.

Kurz nachdem mit dem Deutschen Zollverein 1834 endlich die Zollschranken zwischen Preußen und vielen Kleinstaaten im Deutschen Bund gefallen waren – Nassau kam allerdings erst 1866 hinzu –, forderten auch weitsichtige Wetzlarer eine wirtschaftlich vertretbare Anbindung an ihre Absatzmärkte. Zunächst hatten sie die Lahn im Blick. Eine Schätzung aus dem Jahr 1840 hatte ergeben, dass schon damals jährlich rund 2000 Bootsladungen Erz über den Fluss verschifft wurden – allerdings erst ab Weiburg. Auf preußischen Druck bereisten daraufhin im Jahr darauf Beamte der preußischen Rhein-Provinz mit nassauischen Kollegen die Lahn von Marburg bis zur Mündung. Am Ende stand ein Vertrag zur Flussregulierung, dem auch das Großherzogtum Hessen 1844 beitrat. Bei Gießen sollte die Lahn gestaut werden und damit größeren Schiffen den Weg frei machen. Auch in Wetzlar wurden dazu zwei Schleusen gebaut.

Zwar war 1859 endlich alles fertig. Ein großer Wurf aber wurde es nicht. Schließlich war die Lahn nur für zwei Monate im Jahr voll schiffbar. Weitere vier bis fünf Monate mussten die Schiffe stark geleichtert fahren. Den Rest des Jahres ging gar nichts. Außerdem war die Fahrt bis zur Mündung mit drei bis vier Tagen hin und der rund zehntägigen Treidelfahrt zurück ein langwieriges und kostspieliges Geschäft, zumal ein Boot maximal 1300 Zentner Ladung aufnehmen konnte. Eisenbahn war deshalb das Zauberwort, das auch in Wetzlar viele Hoffnungen weckte. Ab 1825 waren in England die ersten Züge zwischen Darlington und Stockton unterwegs gewesen und hatten in den Jahren danach auch andere Orte angefahren. Die Nachricht von diesen revolutionären Stahlrössern machte in Windeseile die Runde über den Globus. Seit 1840 verband die Taunus-Eisenbahn Frankfurt und Wiesbaden. Nachdem die Regierung des Herzogtums sich allerdings vier Jahre später auf den Ausbau der Lahn verständigt hatte, wurden alle Bahn-Ambitionen zunächst mit Blick auf die befürchtete Konkurrenz ausgebremst.

Erst am 31. März 1857 vergaben die Behörden deshalb eine Bau-Konzession an die Nassauische Rhein-Eisenbahngesellschaft, die seit dem Vorjahr von Wiesbaden nach Rüdesheim fuhr und die Strecke bis Oberlahnstein verlängern wollte. Im Jahr darauf verkehrten erste Züge von dort

Der alte Bahnhof von Niedergirmes stand 1895 praktisch noch mitten im freien Feld.

Der Architekt Heinrich Velde plante im 19. Jahrhundert insgesamt 37 Bahnhofsgebäude, viele praktisch baugleich. Eines entstand in Wetzlar.

bereits nach Bad Ems. Doch ein Erdrutsch brachte den Verkehr zum Erliegen und die Arbeiten an der weiteren Strecke kamen nur im Schneckentempo voran. Dass der erste Zug 1863 tatsächlich Wetzlar erreichte, verdankte die Stadt nur dem Herzogtum selbst, das die Eisenbahngesellschaft ungeduldig verstaatlicht und das Vorhaben mit neun Brücken und 18 Tunnels in Eigenregie zu Ende geführt hatte.

Schon im Januar 1862 hatte dagegen die Cöln-Mindener Eisenbahn-Gesellschaft ein Teilstück der Dill-Strecke von Köln-Deutz nach Gießen zunächst eingleisig in Betrieb genommen. Wetzlar wurde damit Treffpunkt zweier Linien mit Anschluss nach Norden, Westen und Süden. Allerdings brachte dieser Umstand der Stadt jahrelanges Ungemach. Um nämlich die Dillstrecke auf die Lahntalbahn zuzuführen, musste deren Schienenstrang eine weite Kurve machen. Und die war im Wetzlarer Stadtgebiet nicht möglich. Eine Verlegung des Streckenverlaufs auf das rechte Dill-Ufer bei Werdorf lehnte die Bauleitung aber ab. So musste der Bahnhof Wetzlar auf dem Gebiet der Gemeinde Niedergirmes angelegt werden – ein unerfreuliches Stück entfernt von der eigentlichen Stadt.

Pferdegespanne übernahmen bis zum Ersten Weltkrieg den Transport der Waren vom und zum Bahnhof in Niedergirmes – und das bei jedem Wetter.

Den alten Zeiten der Dampfeisenbahnen kann man heute noch im Südwestfälischen Eisenbahnmuseum in Siegen nachspüren.

1917 erhielt die Stadt ein neues Empfangsgebäude im Jugendstil. Es ging im Zweiten Weltkrieg verloren.

WETZLAR IM WANDEL DER ZEIT

1869 | Hexagon Manufacturing Intelligence

3D-Messtechnik in höchster Präzision

Kameras und Ferngläser mit dem rot-weißen Leica-Logo sind bei Konsumenten weltweit bekannt. Doch in der Industrie und bei staatlichen Prüfstellen steht das Markenlogo Leitz seit Jahrzehnten vor allem für ultra-hochgenaue Messinstrumente in drei Raumdimensionen. Entwickelt und produziert werden diese auch nach der Eingliederung der Sparte in das Produktportfolio des international aufgestellten Hexagon-Konzerns weiterhin in Wetzlar

Wetzlar im Jahr 2012: Ende September eröffnete die Hexagon Metrology GmbH in der Siegmund-Hiepe-Straße eine neue riesige Werkhalle – 60 Meter lang und 18 Meter hoch, getragen von 150 tief in den Boden gerammten Pfählen und damit maximal gesichert gegen jede Form von Erschütterungen. Das Unternehmen setzte damit auf Wachstum am Standort und hat seine Belegschaft seither um mehr als die Hälfte auf 460 Beschäftigte erhöht. Die Ausbildung vor allem von Mechatronikern hat dabei im Unternehmen einen hohen Stellenwert.

Doch die eigentliche Sensation gelang dem traditionsreichen Unternehmen für industrielle Messtechnik in dem selben Jahr mit seinem neuen Produkt: Leitz Infinity. Der Name – übersetzt Unendlichkeit – ist keineswegs Prahlerei. Mit einer Messgenauigkeit von bis zu drei Mikrometern in allen drei Raumdimensionen stößt das Koordinaten-Messinstrument in bislang unerreichte Skalen der Genauigkeit vor. Hexagon gelang damit auch auf internationaler Ebene ein Quantensprung für die staatliche Normenkontrolle und für die Produktionstechnik präzisester Bauteile.

Entstanden ist das Knowhow im Bereich der Mikro-Messtechnik in jahrzehntelanger intensiver Forschung und Entwicklung. Seine Ursprünge hat es in der 1869 gegründeten Firma von Ernst Leitz. In deren Anfangsjahren wurden Mikroskope für die Medizintechnik, Biologie und Chemie entwickelt und hergestellt. Dort hatten Kunden schon bald nach dem Zweiten Weltkrieg nach Mikroskopen gefragt, die Objekte nicht nur vergrößern, sondern auch vermessen konnten. Vor allem für die Herstellung maßgenauer Bauteile war das nützlich.

Die ersten Geräte konnten Ergebnisse nur auf einer Längsachse liefern. Anfang der 1970er-Jahre kamen dann zweidimensionale Messmikroskope hinzu. Mit ihrer Hilfe konnten Techniker und Ingenieure Formen und Umfänge bestimmen. Die Universal-Werkstatt-Messmikroskope fanden Abnehmer auf der ganzen Welt.

1974 stießen Leitz-Entwickler Erich Schuster und seine Kollegen dann in die dritte Dimension vor: Auf der Hannover-Messe bestaunten Fachleute ein Messgerät, dessen Messtisch verfahrbar war und mittels zwei weiteren bewegten Achsen mit entsprechender Antastsensorik Werkstücke

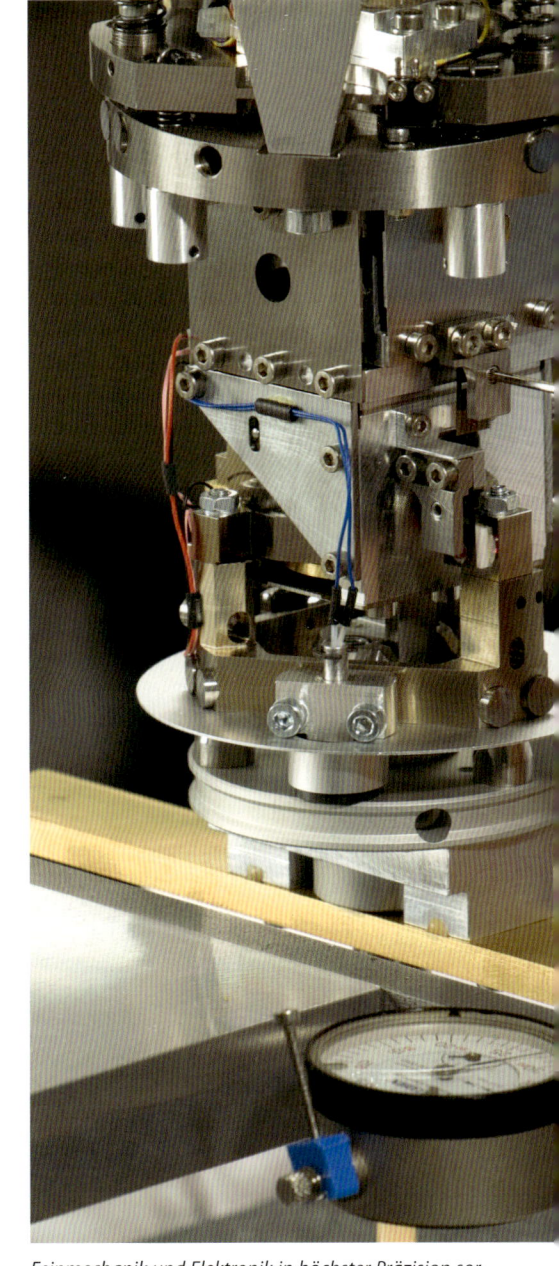

3D-Koordinatenmessungen waren bereits in den 1980er-Jahren Standard.

Feinmechanik und Elektronik in höchster Präzision sorgen für die gewünschte Ergebnisgenauigkeit.

dreidimensional vermessen werden konnte. Jetzt konnten auch kleine Werkstücke detailgenau gemessen werden. Und nicht nur kleine! Denn der Wunsch nach Präzision erstreckte sich auch auf größere Bauteile. Ein Nachfolgemodell konnte sich in einem Raum von 80 x 60 x 40 Zentimetern frei bewegen. Weitere Baugrößen mit entsprechender Messbereichserweiterung folgten bald.

Der nächste Schritt war die Automatisierung. Eine elektronische Steuerung und spezielle Software zur Serienmessung sollten die händische Prüfung ersetzen. Schließlich sagen die Ergebnisse einzelner Messungen wenig darüber aus, ob ein Bauteil sauber gegossen oder bearbeitet ist. In der Kombination verschiedener Messwerte lässt sich hingegen erkennen, ob ein Bohrloch korrekt platziert und sauber gesetzt ist oder ob eine Oberfläche Unebenheiten aufweist.

2001 übernahm die in Stockholm ansässige Hexagon AB die seit 1990 unter der Firmierung Leitz Messtechnik GmbH eigenständige 3-D-Messtechnik-Sparte von Leica. Ein konsequenter Schritt. 1995 gegründet, ist Hexagon als global agierender Informationstechnologie-Konzern auf Geoanalytik und industrielle Messtechnik spezialisiert. Nach wie vor steht jedoch der Produktmarkenname Leitz weiterhin für höchste Präzision made in Wetzlar. 2006 übernahm der Konzern zusätzlich die Firma Leica Geosystems, die Messsysteme zur Kartographierung und Theodoliten für Messaufgaben in der Bauindustrie produziert. Als führender Anbieter mess- und fertigungstechnischer Lösungen umfasst das Portfolio von Hexagon Manufacturing Intelligence – dem Unternehmensbereich der industriellen Messtechnik von Hexagon – heute neben stationären auch eine Vielzahl von Software- und portablen Messlösungen.

Vor allem im Automobil- und Flugzeugbau, aber auch in der Elektronik- und Maschinenbauindustrie sowie in der Medizintechnik ist die Messgenauigkeit von Hexagon schon lange nicht mehr wegzudenken. Namhafte Hersteller wie Airbus, BMW, Boeing, Ford, Hitachi, Huawei, Samsung, Siemens, Toyota oder VW vertrauen deshalb auf die langjährige Expertise des Unternehmens und profitieren von schnelleren Fertigungsprozessen, höherer Produktivität sowie gleichzeitig optimierter Produktqualität. Zusammen mit entsprechender konzerneigener Messsoftware ermöglichen sie neben dem gewünschten Grad an Präzision kurze Messzeiten, höchstmögliche Vergleichbarkeit und hohen Durchsatz. Seit 2017 können dazu vollautomatisch auch verschiedene optische oder taktile Sensoren im Wechsel eingesetzt werden. Ein Messgerät mit besonders raumgreifenden Dimensionen von 6 x 4 x 3 Metern Messbereich ist seit 2017 in der Physikalisch-Technischen Bundesanstalt in Braunschweig im Einsatz. Dort werden Messnormale für Großverzahnungen kalibriert, wie sie beispielsweise in den Getrieben von Windkraftanlagen im Einsatz sind.

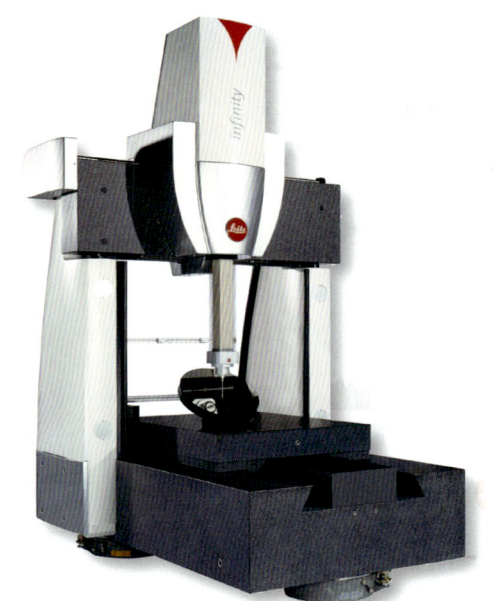

Mit einer Messgenauigkeit von bis zu drei Mikrometern in allen drei Raumdimensionen stößt das Highend-Produkt Infinity in bislang unerreichte Skalen der Genauigkeit vor.

Ein Messstand mit besonders raumgreifenden Dimensionen von Hexagon Metrology ist seit 2017 in der Physikalisch-Technischen Bundesanstalt in Braunschweig im Einsatz.

WETZLAR IM WANDEL DER ZEIT 63

1883 | Kremp Wetzlar Präzisionszahnräder GmbH

Fünf Generationen Maßarbeit

Oft sind es die kleinen Dinge, die etwas Großes zum Laufen bringen. Wer es jedenfalls wirklich exakt braucht, der landet bei Kremp. Bauteile drehen, fräsen und schleifen, Prototypen entwerfen und Kleinserien fertigen – dieses akkurate Geschäft versteht das letzte Familienunternehmen aus der Gründerzeit vor 1900 der Wetzlarer Optik-Industrie in fünfter Generation

Es gibt sie in allen Bereichen der Optik, Feinmechanik, Medizintechnik und des Maschinenbaus: Bauteile wie Stirn- und Kegelräder, die hochpräzise ineinander greifen müssen, um die Funktion der Geräte sicherzustellen. Werden diese als Prototypen, Ersatzteile oder Kleinserien benötigt, helfen selbst moderne 3D-Drucker noch nicht weiter. Dann sind echte Spezialisten gefragt – Experten mit Augenmaß, dem nötigen Maschinenpark und mit viel Erfahrung.

In der Firma Kremp Wetzlar Präzisionszahnräder GmbH von Christian Kremp werden diese Kompetenzen seit 135 Jahren kontinuierlich weiterentwickelt. Die Erfolge der Vergangenheit sind dabei die Triebfeder ständiger Innovationen für die Zukunft. Schon der Firmengründer hieß Christian und besaß nicht nur handwerkliches Geschick und einen kreativen Kopf. Das Jahr 1883 sieht den Sohn des Obersteigers Johann Georg Kremp konzentriert über moderne Mikroskope gebeugt, denen er mit einer bravourösen technischen Lösung zum Durchbruch verhilft. Bis an den Zarenhof nach St. Petersburg wird die begehrte Ware verschickt, wie Kremps penibler Eintrag vom 1. August 1883 ins Kontorbuch heute noch verrät – die inoffizielle Gründungsurkunde des Unternehmens.

Schon als Jugendlicher hat Kremp sich für das Ineinandergreifen von Zahnrädern begeistert. Da eine Stelle als Uhrmacherlehrling in der Umgebung seines Heimatorts Philippstein indessen nicht zu finden ist, wird er zunächst Tischler, stimmt Klaviere, baut später eigene Geigen und Zithern, übernimmt schließlich die Werkstatt von seinem Chef und zieht der Kundschaft wegen nach Wetzlar.

Auf dem Arbeitsweg kommt er mit Moritz Hensoldt ins Gespräch, einem zwei Jahrzehnte älteren Pionier optischer Geräte. Hensoldt hat sich mit Ferngläsern und geodätischen Geräten einen

Firmengründer Christian Kremp hatte die Fokussierung von Mikroskopen mit einer schrägen Verzahnung entscheidend verbessert.

Oben: Georg Kremp brachte in einer zweiten Firma optische Geräte wie dieses Fernglas auf den Markt.
Unten: In den 1920er-Jahren fotografierten viele mit Kameras von Kremp.

Firmenarchiv Kremp

exzellenten Ruf erworben und beliefert sowohl das britische wie auch das deutsche Heer damit. Auch seine Mikroskope sind weit gediehen. Aber der Konstrukteur hat ein Problem mit der Schärfe. Das Untersuchungsobjekt springt auf dem Fokussiertisch immer wieder aus dem Schärfebereich heraus. Hier weiß Kremp, der schon länger Zahnräder und -stangen für die Stimmmechanik seiner Instrumente selbst fertigt, Rat: Er baut einen kongenialen Antrieb mit schrägen Verzahnungen. Doch damit nicht genug: Der tüchtige Fabrikant, nach dem heute eine eigene Straße in Wetzlar benannt ist, erkennt die Möglichkeiten dieser Technik und schafft sich flugs die nötigen selbstentwickelten standardisierten Produktionskapazitäten.

Als Kremps Sohn Georg 1913 den Betrieb in der heutigen Ernst-Leitz-Straße übernimmt, erweitert er das Produktionsprogramm in einer

Nicht nur für andere baute Kremp Fokussierteller – auch eigene Mikroskope entstanden.

Georg Kremp kümmerte sich im Zweiten Weltkrieg persönlich um das Wohl der fünf Ostarbeiterinnen aus der Ukraine.

zweiten Firma um optische Linsen, Lupen, Fern- und Theatergläser bis hin zum eigenen Mikroskop-Programm und einer eigenen Kamera-Linie. Nach dem Ersten Weltkrieg setzt Kremp an dieser Stelle wieder an und gewinnt Geschäftspartner rund um den Globus. Um die Nachfrage zu bedienen, lässt er nach und nach die Gebäude in der Ernst-Leitz-Straße 44-50 mit Wohn- und Geschäftsräumen und einer langgestreckten Werkhalle ausbauen.

Auch im Zweiten Weltkrieg verdienen beide Kremp-Unternehmen ihr Geld zwar gezwungenermaßen in der Rüstungsproduktion, doch der Chef hält wenig vom Nationalsozialismus. Fünf für angeordnete Zuarbeiten für Leitz zugeteilte Zwangsarbeiterinnen aus der Ukraine kauft er die vorgeschriebenen Holzschuhe und gibt ihnen Kleidung aus dem eigenen Haushalt. Auch schickt er sie auf seine Kosten zum Friseur, lässt sie von der Gemeindepflegestation jeden Tag behandeln und nimmt sie vor allem bei Luftangriffen mit in den Bunker. Das kommt bei den Machthabern nicht gut an: Einmal versucht ein Wachmann Kremp erfolglos mit gezogener Pistole abzuweisen. Wegen mangelnder Linientreue wird die Produktion eingeschränkt, wichtige Maschinen werden beschlagnahmt. Auf dem Grundstück landen acht Fliegerbomben. Eine trifft den Koksboden und zerstört das Firmengebäude bis zum ersten Stock.

Georg Kremp und seine Söhne Hermann und Heinrich sind froh, als im Mai 1945 der braune Spuk vorbei ist. Umgehend beginnen sie zuerst mit der Herstellung von Möbeln. Schon bald aber produzieren sie wieder optische Fertigprodukte und feinmechanische Komponenten. In den Jahren des Wirtschaftswunders beschäftigen beide Firmen zusammen etwa 190 Menschen. Doch wachsende Konkurrenz aus Fernost zwingt mit den Jahren zum Umdenken. 1979 wird die Optik-Firma aufgelöst.

Die Dienste der Verzahnungsfirma unter der Leitung von Heinrich Kremp sind hingegen weiterhin gefragt. Als die Feuerwehr das Firmengelände benötigt, expandiert das Unternehmen 1980 an den heutigen Standort am Hörnsheimer Eck. 1996 übernimmt Heinrichs Sohn Christian als vierter in der Reihe die Verantwortung fürs Unternehmen. Er führt die CNC-Technik ein, modernisiert den Maschinenpark und richtet die Firma weg von der Großserienproduktion, in der man gegen die Konkurrenz aus Asien nicht mehr bestehen kann, aus auf die Fertigung hochpräziser feinmechanischer Bauteile auch in Klein- und Kleinstserie. Mit dieser Nischen-Strategie führt er heute zusammen mit seiner Tochter Anna-Eva und rund 20 Mitarbeitern als Inhaber das letzte Familienunternehmen aus der Gründerzeit vor 1900 in Wetzlars optischer Industrie. Heute ist die Firma Partner führender Unternehmen im Bereich Feinmechanik, Optik, Maschinenbau und Medizintechnik. Spezialisiert auf die Produktion präziser Zahnräder, Zahnstangen und Verzahnungen an allen denkbaren Bauteilen und aus allen denkbaren Materialien greift bei Kremp noch heute ein Teil zuverlässig ins andere.

Christian Kremp führt heute zusammen mit seiner Tochter Anna-Eva und rund 20 Mitarbeitern das letzte Familienunternehmen aus der Gründerzeit vor 1900 in Wetzlars optischer Industrie.

1887 | Lonkwitz Edelstahltechnik GmbH

Für ordentlich Dampf im Kessel

Blechtafeln unterschiedlicher metallischer Werkstoffe schneiden, biegen und schweißen in fast jedem denkbaren Format – das ist das Kerngeschäft der Firma Lonkwitz Edelstahltechnik. Doch noch lieber nehmen sich Hans-Dieter Lonkwitz und seine Mitarbeiter Aufgaben vor, vor denen andere kapitulieren. Bei Autobauern, Chemikern und Abwasserreinigern sind diese Expertise und der Mut zum Experiment seit Jahrzehnten gefragt

Hans-Dieter Lonkwitz ist ein Problemlöser. Es sind schließlich oft genug spezielle Aufgaben, mit denen Kunden zu dem Fachmann auf das ehemalige Firmengelände der Grube Juno in Nauborn kommen. Da möchten Eisenbahn-Freunde aus Zittau ihrer liebevoll restaurierten Dampflok (99 760) wieder ordentlich Dampf machen und brauchen dazu einen neuen Kessel. Der Chemie-Riese BASF hätte gerne eine Art Waschmaschine, um seine Tanks von Farbpulver zu reinigen. Im Ergebnis bekommen die Ludwigshafener eine konische Bürstenreinigungsmaschine mit vier absenkbaren, oszillierenden Bürsten, die sich gegen die Konkurrenz von Miele durchsetzt. Rührwerke für die chemische Industrie, Rohrwasserkaskaden für die Aufbereitung von Trinkwasser, DLT (Dilutions Tunnel,) RMT (Remoting Mixing T) für Abgasprüfstände der Automobilindustrie, ja sogar ein Solarium mit 40 Röhren und einem elektrisch schwenkbaren Oberteil haben Lonkwitz und seine Mitarbeiter schon erfunden und konstruiert. Der Hindernishalter für einen Reitverein ist dagegen praktisch nur eine Fingerübung.

Dabei kann das Unternehmen die Wünsche seiner Kunden heute fast in beliebiger Größe erfüllen. Einzige Beschränkung ist die Maximalgröße für Straßentransporte. Die vier Krananlagen auf dem Firmengelände heben Lasten bis zu 15 Tonnen Gewicht.

Angefangen hat alles wie so oft im Leben in bescheidenen Dimensionen – sowohl im Unternehmen wie auch bei dessen Inhaber. Das Unternehmen selbst entstand schon vor über 130 Jahren. „Den Bewohnern von Stadt und Land hiermit die ergebenste Anzeige, dass ich das bisher von dem verstorbenen Schlossermeister Walther betriebene Geschäft in unveränderter Weise weiter führe", inserierte am 16. April 1887 ein junger Mann mit Schnauzbart im Wetzlarer Anzeiger und begründete damit eine Familien-Tradition. Dieser Friedrich Ulm empfahl sich „zur Anfertigung

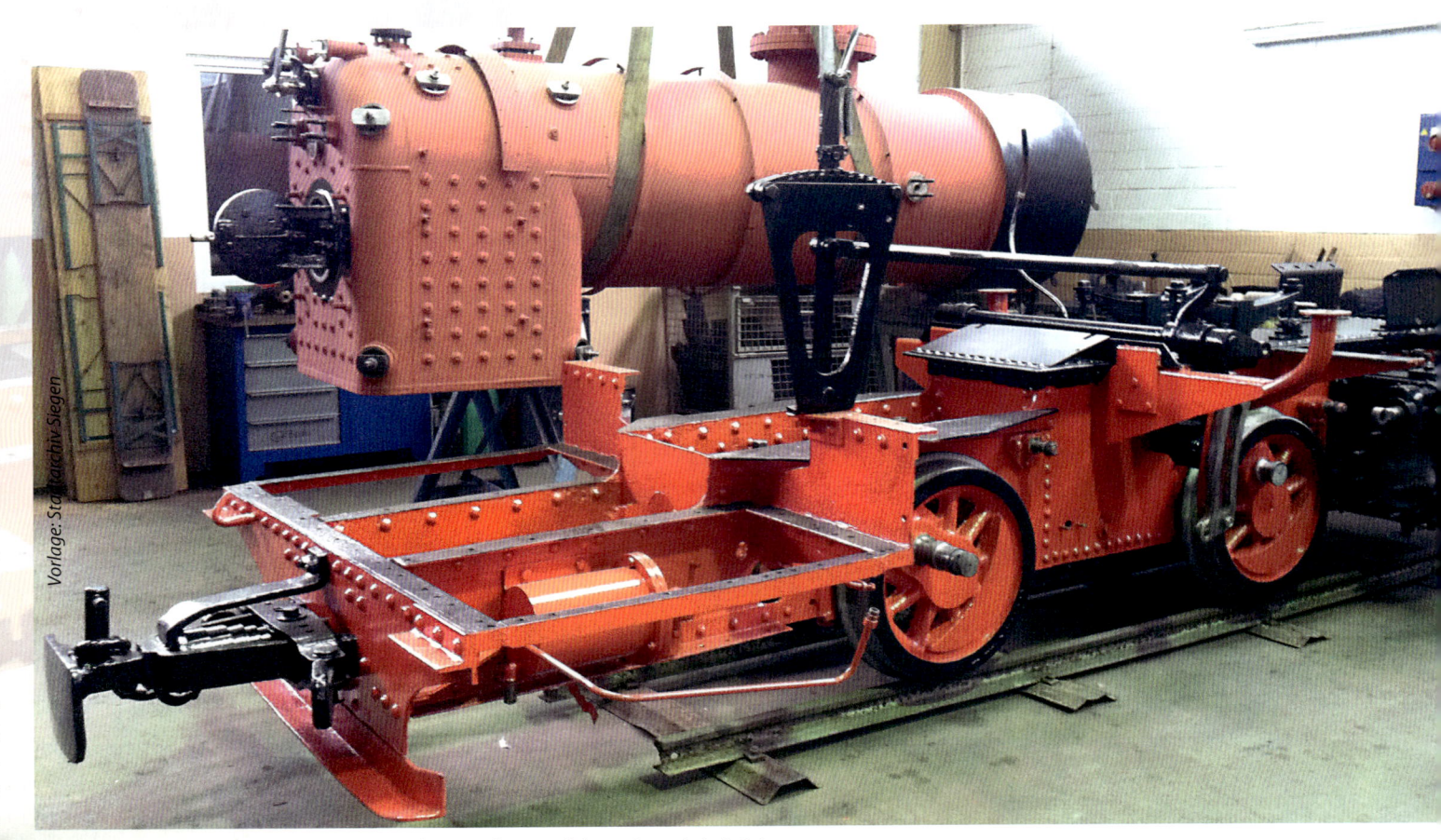

Neue Kessel aus Wetzlar als originalgetreue Kopien bringen alte Dampflokomotiven wieder in Schwung.

aller in dieses Fach einschlagenden Arbeiten wie Bau von Pumpen, die Herstellung von Gas- und Wasserleitungen." Indem er um „geneigten Zuspruch" bitte, gebe er das Versprechen, „dass mein Streben stets darauf gerichtet sein wird, gute und preisgünstige Arbeit zu liefern."

Heute macht man vielleicht weniger Worte, doch am Anspruch solider Arbeit und konkurrenzfähiger Preise hat sich natürlich nichts geändert. Diese Einstellung der Inhaber und ihrer Beschäftigter hat die Schlosserei mit den Jahren zum kleinen Mittelstandsbetrieb heranwachsen lassen. Schon nach wenigen Jahren wurde das Geschäft zu klein. Ulm zog um in die Hofstatt 1. Nach 22 Jahren bekam er dann Verstärkung vom ältesten seiner vier Söhne. Friedrich Ulm Junior hieß nicht nur wie der Vater und sah ihm auch ziemlich ähnlich. Er war auch mindestens genauso erfolgreich wie der Firmengründer. 1914 musste die Schlosserei deshalb wieder umziehen an den Schillerplatz 6. Man brauchte erneut mehr Platz.

Seit 1964 ist das Unternehmen auf dem Grundstück der ehemaligen Grube Juno bei Nauborn ansässig.

In der dritten Generation wurde die Werkstatt zum Unternehmen. 1940 bauten Friedrich der Dritte und dessen Sohn Kurt-Gustav Ulm eine Produktionshalle auf dem Gelände der alten Filzfabrik der Brüder Vorwerk am Magdalenenhäuser Weg südwestlich der Stadt.

Man könnte meinen, so ginge es weiter. Doch 1964 kam es zu einer doppelten Zäsur. Einerseits packten die Mitarbeiter wieder ihre Werkzeuge und Maschinen. Auf einem 40 000 Quadratmeter großen Grundstück am Waldrand bei Nauborn wurden sie nun dauerhaft heimisch. Der Standort hat eine lange Industriegeschichte. Schon im Lorscher Codex war hier von einer Eisenerzgrube aus dem Jahr 780 die Rede. 1906 hatten die Fürsten von Solms die Grube Juno an die Firma Friedrich Krupp verkauft. Doch nach dem Weltkrieg war Schicht im Stollen.

Im gleichen Jahr 1966 heiratete andererseits Marie-Luise Ulm, die Tochter des Chefs, den einstigen Lehrjungen Hans-Dieter Lonkwitz. Der gab dem Unternehmen mit der Zeit nicht nur seinen Namen, sondern entwickelte es auch mit seiner Expertise aus zwei Meistertiteln als Metallbau- und Karosseriebaumeister kontinuierlich weiter. Berechnung, Konstruktion und Zeichnung kommen dabei aus einem Haus. Ob ein alter Dampfkessel dupliziert oder eine neue Sondermaschine konzipiert werden muss – für den langfristigen Einsatz braucht es beides: Kreative Lösungen und zuverlässige, geprüfte Qualität.

Hans-Dieter Lonkwitz sah sein Unternehmen auf einem guten Weg, als er es 2003 in die Hände seines Nachfolgers legte. Doch acht Jahre später war er zurück im Büro. Das Experiment hatte nicht funktioniert, der Senior den insolventen Betrieb wieder übernommen. Unter dem heutigen Namen Lonkwitz Edelstahltechnik GmbH begann die Arbeit von neuem. Diesmal ist es eine Frau, die in die Fußstapfen ihres Vaters tritt. Jutta Lonkwitz hat sich entschieden, den Betrieb mit 25 Mitarbeitern zu übernehmen. Abgas-Prüfanlagen und Abwassertechnik bilden einen Schwerpunkt, der Kesselbau für historische Eisenbahnen den zweiten. Von Tradition und Moderne ist ja oft in Sonntagsreden zu hören – vor dem Stollen der Grube Juno ist beides werktägliche Realität.

Lonkwitz liefert wichtige Teile für die Abgasprüfstände der Automobilindustrie.

WETZLAR IM WANDEL DER ZEIT

897
1180
1250
1285
1318
1349
1422
1525
1689
1731
1772
1796
1808
1815
1841
1849
1862
1869
1883
1887
1903
1914
1922
1932
1938
1944
1945
1950
1956
1967
1977
1979
1989
2001
2005
2018

1903 | Leistende Verwaltung und Stadterweiterung

Die Stadt wächst über die Lahn

Licht, Wasser und Wärme – im 21. Jahrhundert gilt das als selbstverständlich. Doch erst eine stille Revolution im 19. Jahrhundert machte den Lebensstandard von heute möglich. Gleichzeitig wuchs die Stadt aus ihren Mauern und verschaffte sich mehr Platz

Erst um die Mitte des 19. Jahrhunderts reifte in Deutschlands Amtsstuben und damit auch in Wetzlar die Erkenntnis, dass Städte und Gemeinden zugespitzt nicht nur Steuern erheben und mit ihrer Stadtwache für Ruhe und Ordnung sorgen sollten. Die Bevölkerung wuchs rasch und mit ihr das Risiko, dass offene Feuerstellen Flächenbrände entfachen oder verdreckte Brunnen Epidemien auslösen könnten. Niemand konnte mehr vor die wachsende Stadt laufen, um Feuerholz zu sammeln. Im Gewirr enger dunkler Gassen trauten sich die braven Bürger nachts trotz Nachtwächtern ohnehin kaum mehr vor die Tür. Sollten die Städte als kollektiver Organismus weiter funktionieren und sich entwickeln, musste eine leistende Verwaltung her, die mit kommunaler Daseinsvorsorge zentrale Lebensgüter organisiert.

Es war eine stille Revolution, die Wetzlar von 1850 bis 1914 erlebte. Doch sie prägte das Leben in der Stadt stärker und nachhaltiger als alle anderen Reformen und Revolutionen dieser Jahre. Die erste Innovation galt der Sorge um Hab und Gut. Schließlich waren Brände in den vielfach noch mit Holz gebauten Häusern mit ihren offenen Feuerstellen eine ständige Gefahr. In der Altstadt konnten Flammen schnell überspringen. Die wenigen Brunnen boten kaum genug Wasser zum Löschen. Der Wunsch zur Gründung einer Feuerwehr kam deshalb aus den Kreisen der Bürgerschaft selbst und vor allem aus der Turnerbewegung heraus und weckte bei den preußischen Beamten in der Zeit nach den restaurativen Karlsbader Beschlüssen deshalb zunächst entsprechendes Misstrauen. 1857 hatten sich 150 Männer als Freiwillige bereit erklärt, künftig eine Feuerwehr für die Stadt zu organisieren. Doch es bedurfte eines neuerlichen Großfeuers drei Jahre später bis die Stadtverwaltung und die Provinz-Regierung in Koblenz dem Ansinnen zustimmten. Der Stadtverordnete und Turner Wilhelm Grell stellte sie 1863 auf die Beine – und die Stadtspitze mit Bürgermeister, einem Magistratsmitglied und zwei Stadtverordneten bildete mit vier erfahrenen Mitgliedern das Direktorium.

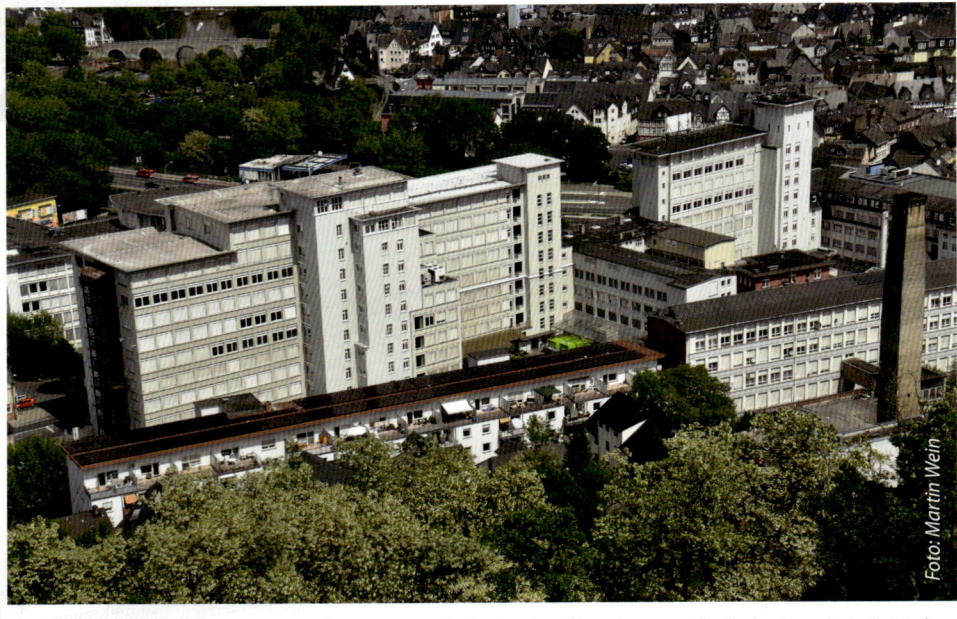

So ändern sich die Zeiten: Das Neue Rathaus von Wetzlar ist im alten Verwaltungsgebäude der Firma Leitz in Niedergirmes untergebracht.
Foto: Martin Wein

Die Eröffnung des Omnibusverkehrs in Wetzlar am 28. April 1927 war die letzte Ausbaustufe der Leistenden Verwaltung. Eine Straßenbahn hatte man zuvor wegen der Topographie der Stadt verworfen.
Foto: Stadtarchiv Wetzlar

WETZLAR IM WANDEL DER ZEIT

Ab 1863 erhellten die ersten Straßenlaternen mit Leuchtgas die nächtliche Stadt.

Foto: fewerton/fotolia

Wenige Jahre später hatte die Freiwillige Feuerwehr schon 275 Mitglieder. Das erstaunt umso mehr, als sie ihre Einsatzkleidung selbst finanzieren mussten.

Ein Nadelöhr blieb dennoch die Wasserversorgung. „Ich habe mit der Uhr in der Hand kontrolliert, dass jetzt zuweilen 14 Personen auf einmal am Brunnen stehen. Bis ein Eimer voll ist, dauert es manchmal drei Minuten. Bis da jemand fertig ist, kann er sich den Tod geholt haben", klagte noch Anfang der 1890er-Jahre der Stadtverordnete Zisseler. Doch nicht nur das: Das Wasch- und Brauchwasser kippte man damals noch achtlos in die Gassen, wo es abwärts zum Fluss strömte. Mancher Passant holte sich dabei nicht nur nasse Füße, sondern rutschte auf den Pflastersteinen aus. Auch Krankheitserregern bot dieses Milieu beste Bedingungen, vor allem als die Stadt mit der Industrialisierung wieder zu wachsen begann. Schon 1884 hatte der Mediziner Robert Koch schließlich nachgewiesen, dass der Erreger der Cholera über verseuchtes Trinkwasser übertragen wurde. Die dramatische Cholera-Epidemie im Sommer 1892 in Hamburg mit 8600 Toten bestätigte auf grausame Weise Kochs Erkenntnisse.

Zu dieser Zeit war der Unternehmer Franc aus Frankfurt schon in der Unterstadt mit dem Bau eines Staukanals beschäftigt. Die Kanäle der Oberstadt übernahm der Ingenieur Gottfried Panse aus Offenburg, der zuvor auch die ganze Stadtentwässerung geplant hatte. 1893 begann der Bau eines städtischen Wasserwerks und der Trinkwasserleitungen.

Auch das Problem dunkler Straßen hatte man bereits angegangen. Bei wachsender Produktivität und langen Arbeitszeiten reichte das Tageslicht für viele Bewohner nicht mehr aus. Nachdem ab 1823 erste mit Öl befeuerte Lampen angezündet wurden, hatte 1863 deshalb in der Silhöfer Chaussee – der heutigen Ernst-Leitz-Straße – eine Anstalt zur Erleuchtung der Stadt mit Gas ihren Betrieb aufgenommen. Leuchtgas und Kochgas galten ein halbes Jahrhundert als Kennzeichen der Moderne und veränderten das häusliche Leben ganz erheblich.

Der Elektrizität stand man hingegen anfangs eher skeptisch gegenüber. Die hohen Kosten und die Angst vor Kurzschlüssen waren weit verbreitet. Weil die Großbetriebe außerhalb des Zentrums ihren Strom selbst produzierten, sah sich die Stadtverwaltung außerstande, in ein Elektrizitätswerk zu investieren. Erst eine Offerte der Buderus'schen Werke brachte 1909 Bewegung in die Sache. Eine Umfrage unter Handwerkern und Gewerbetreibenden ergab einen Bedarf an 100 Elektromotoren und 2500 Lampen für private Haushalte und städtische oder staatseigene Gebäude. Das reichte aus: Mitte September konnten die von Siemens Schuckert gelieferten Transformatoren eingeschaltet werden. Und einer Zeitungsnotiz war tags drauf zu entnehmen, das Licht sei „soweit sich das bisher feststellen ließ, recht hübsch".

Längst war die Stadt gegen Ende des 19. Jahrhunderts auch über ihre alten Grenzen hinaus gewachsen. 1900 war sie mit 8910 Einwohnern größer als je zuvor. Im Stadtsäckel indessen zahlte sich das Wachstum nur teilweise aus. Denn die Mehrzahl der neuen Industriebetriebe hatte sich aus Platz- und Logistikgründen jenseits der Lahn in der Nähe des 1862 eröffneten Bahnhofs im alten Dorf Niedergirmes im Landkreis Wetzlar angesiedelt, einem der ältesten Dörfer der Region. Dennoch bildeten das Dorf und die Stadt seit langem einen einheitlichen Wirtschafts- und Lebensraum. Beharrlich hatte Niedergirmes sich indessen gegen eine Eingemeindung gewehrt, die dem mit 2550 Einwohnern selbst zur Kleinstadt herangewachsenen wohlhabenden Dorf kaum Vorteile versprach. Am 1. April 1903 hatte die kreisfreie Stadt aber ihr Ziel erreicht. Wetzlar wuchs über die Lahn. Die großen Zerstörungen im Zweiten Weltkrieg in Niedergirmes trugen später dazu bei, dass der Stadtteil sich bis heute deutlich von der geschlossenen Altstadtbebauung abhebt.

1914 | Erster Weltkrieg

Hochrufe und Steckrüben

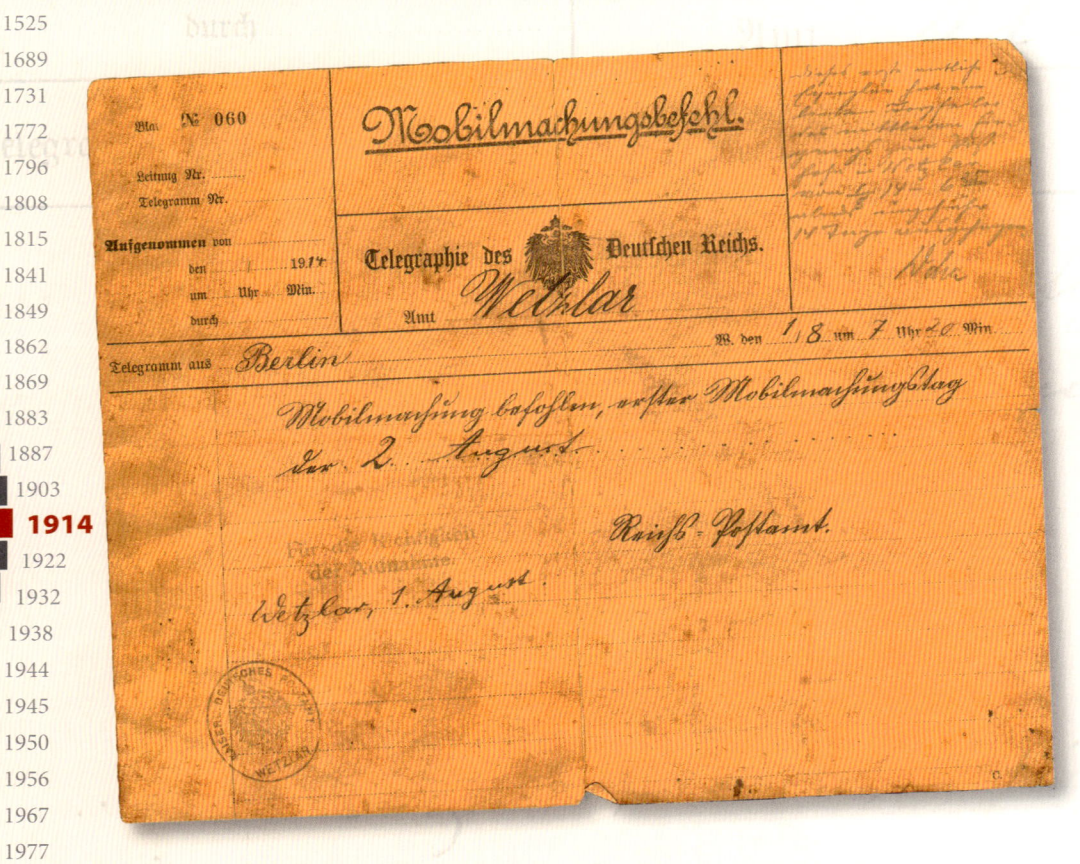

Ein Telegramm aus Berlin setzte am 1. August um 6.28 Uhr abends in Wetzlar die Mobilmachung in Gang.

In den ersten Augusttagen 1914 sammelten sich Einberufene auf dem Domplatz.

Wie in Trance schlitterten auch viele Wetzlarer in den Ersten Weltkrieg. Doch die Folgen des Weltenbrandes wurden auch in der Stadt schnell spürbar: Die Lazaretts füllten sich mit Verwundeten, Hunderte starben auf den Schlachtfeldern und in der Heimat wurden schließlich sogar die Kartoffeln knapp

Die ganz schlimmen Fälle wollte man den Wetzlarer Einwohnern wohl nicht zumuten. Ein dumpfes Stöhnen der Schwerstverwundeten hallte deshalb im September 1914 durch das Auguste-Viktoria-Krankenhaus im benachbarten Ehringshausen. Es waren Männer wie Karl Polka, die da um ihr Leben rangen. Bei einem Erkundungsritt hatte der Kavallerist einen Hüftschuss abbekommen und war vom Pferd gestürzt. Drei Tage lang lag er ohne Hüfte auf dem Bauch bis Kameraden ihn bargen. „In der ganzen Zeit den Fliegen preisgegeben, ist sein Zustand unbeschreiblich", urteilte ein Reporter des Wetzlarer Anzeigers.

Viel eher als ihnen lieb war, hatten die Folgen des Krieges Wetzlar und seine Einwohner mit aller Wucht erreicht. Zwar blieb die Stadt von direkten Kriegshandlungen verschont. Lediglich am 21. Oktober 1918 landete eine Fliegerbombe in der Tannenschonung des Zimmermeisters Friedrich Watz. Doch die Menschen trugen hart an den Nebenwirkungen der Auseinandersetzung, die schon bald als Weltkrieg bezeichnet und später

WETZLAR IM WANDEL DER ZEIT

Schon bald waren Lebensmittel nur noch gegen Bezugsmarken erhältlich. Trotzdem war der Mangel allgegenwärtig.

Verwundete von der Front brachten die Realität des Krieges schon bald auf den Wetzlarer Bahnhof.

Alle Fotos: Stadtarchiv Wetzlar

zur „Urkatastrophe des 20. Jahrhunderts" erklärt wurde.
Noch im Sommer des Vorjahres hatten Offizielle der Stadt bei einem Kurzbesuch von Kaiser Wilhelm II. ihren Wunsch geäußert, wieder Garnisonsstadt zu werden, nachdem Preußen die Rheinischen Jäger schon 1877 ins Elsass abgezogen hatte. Militärs in feschen Uniformen versprachen im Kaiserreich Renommee und Einnahmen. Als sich im Sommer 1914 die Spannungen im fragilen Kräftefeld Europas steigerten, wollten auch viele Wetzlarer Deutschlands Vormachtstellung mit einem schnellen Krieg absichern. Jakob Heep, der evangelische Pfarrer in Niedergirmes, hatte schon im Winter zuvor in einer Vortragsreihe in der Schnitzlerschen Buchhandlung schwadroniert: „Wir alle wohl, die nicht im Felde stehen, können gar nicht nachempfinden, was durch eine Menschenseele hindurchgehen muss, (…) wenn die Trompete ruft, (…) wenn die Trommel wirbelt, wenn es heißt: Bajonette aufgepflanzt!, wenn alles vorwärts stürmt, wenn Blut fließt."

Nach dem Attentat auf Österreichs Thronfolger am 28. Juni in Sarajevo und der darauf folgenden Juli-Krise ließ Wilhelm II. sich von seinen Generälen am 1. August zu einer Kriegserklärung hinreißen. Mit einem schnellen Schlag im Westen nach dem seit zehn Jahren in den Schubladen der deutschen Militärs liegenden Schlieffen-Plan wollte er der Armee Luft im Krieg gegen Russland im Osten verschaffen. Schon tags darauf überfielen deutsche Truppen das neutrale Luxemburg, am Folgetag begann die Schlacht um Lüttich.

Binnen Tagen wurde auch Wetzlar an der Strecke der sogenannten Kanonenbahn in Richtung Elsaß zum Durchzugsort und Heerlager der Truppen. Ein Telegramm um 6.28 Uhr abends hatte am 1. August die Mobilmachung für den Folgetag befohlen. Plakate und Extra-Blätter verbreiteten die Nachricht in wenigen Stunden. In der Minneburg und in der Alten Post wurde nur Tage später zu großen Abschiedsfeiern für die Einberufenen geladen. Als die ersten Reservisten nach ergreifenden Abschiedsszenen vom Domplatz zum Bahnhof marschierten, spielte ihnen die Feuerwehrkapelle mit „Muss i denn" ein feierliches Lebewohl.

Die ganze Stadt war in Bewegung. Zeitgenossen

WETZLAR IM WANDEL DER ZEIT   71

5. Oktober.
50 Gramm Brot oder 30 Gramm Mehl

sprachen angesichts der zermürbenden Juli-Krise von einem Gefühl der Erleichterung. Schüler wurden angehalten, in den soeben begonnenen Sommerferien den Bäuerinnen bei der Ernte zur Hand zu gehen. Viele Einwohner mussten Soldaten bis zur Abreise einquartieren und verpflegen. Die Freiwillige Feuerwehr, später Männer der Landwehr, die aus Mangel an Uniformen alte Tschackos von 1863 auf dem Kopf trugen, sicherten die Bahnstrecken aus Angst vor Sabotage. An den Ortsausfahrten wurden Autos kontrolliert und Spione gesucht. Vor allem, wer schnell fuhr, galt als verdächtig. Am Gymnasium legten 14 Oberprimaner ein Not-Abitur ab, um dann an die Front zu eilen. Bürgermeister Heinrich Kühn erhob in der ersten Stadtverordnetenversammlung nach Kriegsbeginn am 7. August „ein dreifaches Hoch auf das Vaterland und auf Se. Majestät den Kaiser". Ab Oktober übten 200 Jugendliche in einer neuen Jugendwehr-Kompanie für ihren späteren Kriegseinsatz.

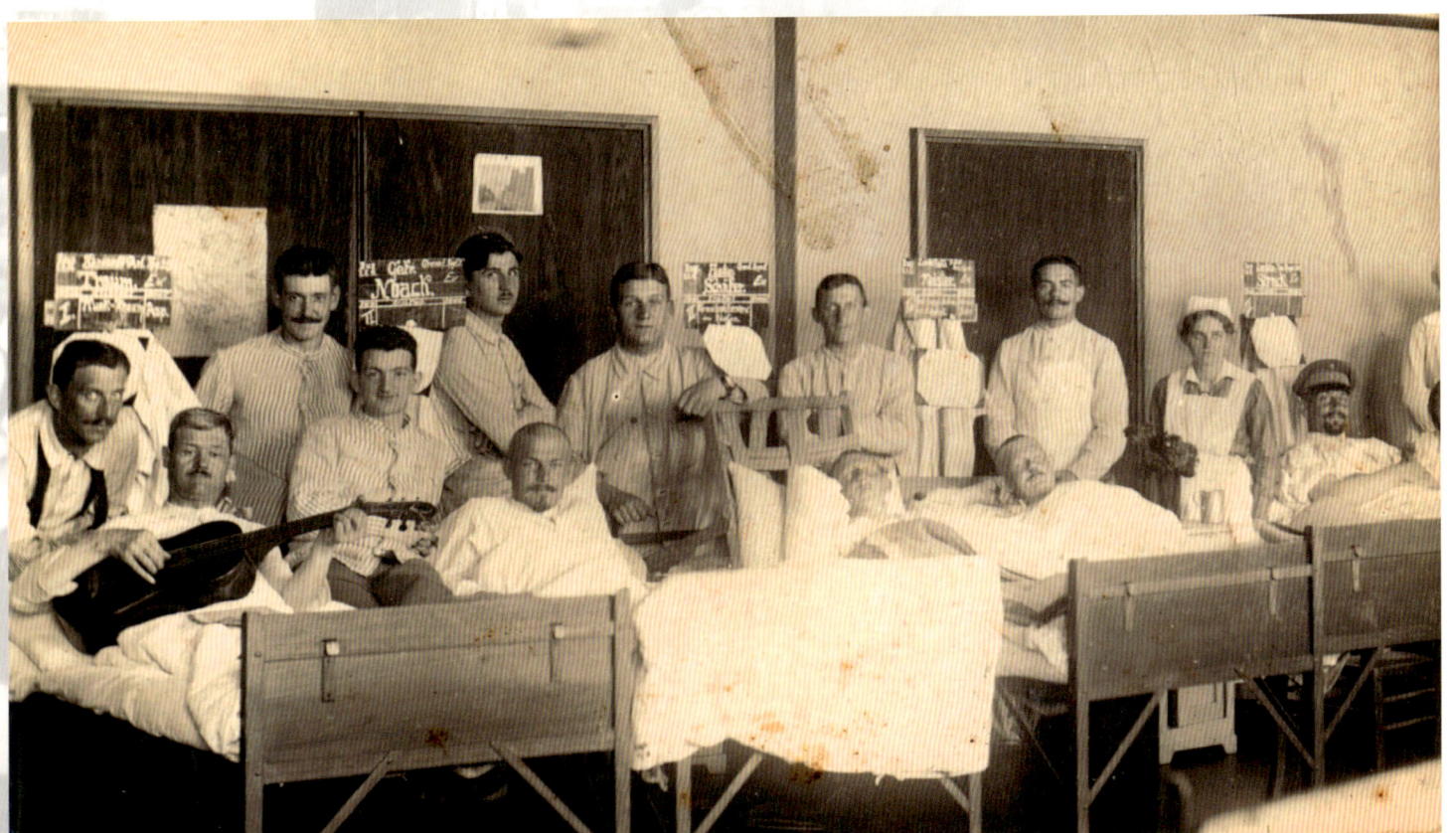

Dann kamen die ersten schlechten Nachrichten. Am 24. August brachte ein Sonderzug 500 Verwundete in die Stadt. Mit Pferdegespannen und Tragen wurden sie ins Gertrudishaus hinter dem Dom und in die umfunktionierte Unteroffiziersschule geschafft. Es fehlte allerorten an Helfern, Ärzten und Erfahrung – und der Strom der Verwundeten riss nicht ab. Die Schrecken des Krieges ließen sich nicht verbergen. Allein der Stadtverein des Roten Kreuzes organisierte jährlich rund 300 Transporte mit 6000 Verletzten von der Front. Am 3. September 1914 erlag der 22-jährige August Wiesner im Gertrudishaus als erster Kriegsversehrter seiner Schussverletzung. Bis 1918 sollten ihm in den Wetzlarer Lazaretten rund 150 Veteranen folgen. Auch von der Front kamen Todesnachrichten. Schon Ende August häuften sich im Wetzlarer Anzeiger die Todesanzeigen mit einem kleinen Eisernen Kreuz in der Ecke. 450 Väter, Brüder und Söhne aus der 16000-Einwohner-Stadt blieben bis Kriegsende auf den Schlachtfeldern, darunter überproportional viele junge Leute.

Und auch für die Daheimgebliebenen wurden die Zeiten ungemütlich. Gleich mit Kriegsbeginn hatten Händler und Bauern Preise erhöht und Waren gehortet. Fehlende Helfer, die englische Seeblockade und Missmanagement verschärften die Versorgungskrise zusehends. Ab Anfang 1915 wurde Roggenbrot mit Kartoffelmehl gestreckt und mit der Brotkarte für städtische Einwohner rationiert. Bald waren auch Butter, Öl, Eier, Fleisch, ja selbst Kartoffeln nur noch mit Lebensmittelmarken zu bekommen. Ein Lebensmittelamt der Stadt sollte die Krise verwalten. Nach

In mehreren Lazaretten wurden Kriegsversehrte gepflegt. Rund 150 von ihnen überlebten nicht.

Alle Fotos: Stadtarchiv Wetzlar

einer miserablen Kartoffelernte im Herbst 1916 wurden Steckrüben an die Bevölkerung ausgegeben. Auch wenn Kochtipps ein Maximum an Normalität suggerieren sollten und Wetzlar nicht so schlecht versorgt wurde wie viele Großstädte, war die Notlage im später legendären Steckrübenwinter doch mit Händen zu greifen. Selbst Kleider, Schuhe und Kohle waren längst kärglich rationiert. Weil in manchem Klassenraum Minusgrade herrschten, fiel in den letzten beiden Kriegswintern wiederholt der Unterricht aus.

Von den 417 Gaslaternen der Stadt brannten schließlich nur noch 16. Im Sommer 1917 kam es bei der Verteilung von Butter und Eiern am Buttermarkt fast zum Tumult. Ungeduldige Käufer verletzten und quetschten sich gegenseitig und rissen sich an den Kleidern.

Schon im Dezember 1914 hatte die Stadt eine Kriegsküche eingerichtet, die Kindern und verarmten Einwohnern eine warme Mahlzeit am Tag garantieren sollte. Im Durchschnitt versorgte sie bis Januar 1919 350 Kinder und 400 Erwachsene täglich mit Eintöpfen, Gemüse und Kartoffeln. Zudem mussten auch Tausende Kriegsgefangene, vor allem aus Frankreich und Russland, versorgt werden. Die Militärverwaltung hatte noch im Herbst 1914 ein Areal von 12,5 Hektar auf dem Exerzierplatz der Unteroffiziersschule mit Holz und Stacheldraht umzäunen und 50 Baracken für 10 000 Gefangene errichten lassen. Ein Sonderlager wurde später für inhaftierte Ukrainer eingerichtet. Man wollte sie mit einer besseren Behandlung, Schulunterricht und historischen Aufklärungslektionen als spätere Verbündete gegen Russland gewinnen. So gab es Kultur- und Bildungsvereine, Theaterabende, paramilitärische Turnübungen und eine Lagerzeitung. Aus dem Lager hat sich später der Stadtteil Büblingshausen entwickelt. Die ersten Gefangenen in der Stadt waren 16 Russen, die teilweise schwere Verletzungen erlitten hatten. Da es noch kein Lazarett für Kriegshäftlinge gab, wurden sie zuerst im Reservelazarett versorgt. Ein böses Wort sei bei der Ankunft kaum gefallen, berichtete die Lokalzeitung tags drauf: „Wir Deutschen sind eben anständiger gegen unsere Feinde als diese gegen uns".

Doch mag auch bereits Ernüchterung dabei eine Rolle gespielt haben, dass dieser Krieg doch nicht bis Weihnachten zu Ende sein würde. Vielen der überwiegend sozialdemokratisch und fortschrittlich-liberal gesinnten Wetzlarern ging allmählich auf, worauf auch sie sich mit diesem Weltenbrand eingelassen hatten.

Gefangene Ukrainer wollte man als spätere Verbündete gegen Russland gewinnen. In ihrem Sonderlager wurde deshalb sogar Theater gespielt.

Tausende Kriegsgefangene mussten in eilig gezimmerten Baracken vor allem auf dem Gelände der Unteroffiziersschule ausharren.

WETZLAR IM WANDEL DER ZEIT 73

1918 | IBC Wälzlager GmbH

Präzision bis zu den Sternen

Als familiengeführter Spezialanbieter für den Maschinen- und Anlagenbau sorgt die IBC Wälzlager GmbH mit ihren hochpräzisen Wälzlagern und Linearführungen Made in Germany für den zuverlässigen Betrieb von Werkzeugmaschinen, Kompressoren, Getrieben oder Druckmaschinen. Jetzt ermöglichen Lager aus Wetzlar in der chilenischen Atacama-Wüste sogar den Blick in die Tiefen des Weltalls

Der Erste Weltkrieg war noch nicht vorüber, da wagte Robert Karl Friedrich Kling bereits einen persönlichen Neuanfang. Am 18. Juni 1918 gründete der 33-Jährige in Wetzlar eine Werkstatt zur Herstellung optischer und mechanischer Geräte. Doch erst das Jahr 1924 brachte für den weiteren Bestand des Unternehmens die entscheidende Wende. Kling, der zunächst Teile für Autos und Fahrräder produziert hatte, spezialisierte sich jetzt auf Kugel-, Rollen- und Nadellager sowie Kugelkäfige für die weiterverarbeitende Industrie.

1935 übersiedelte das Unternehmen nach Oberbiel. Der Zweite Weltkrieg und die nachfolgende Besatzungszeit brachten auch für Robert Kling ein Ringen um den Fortbestand seines Unternehmens. Erst die Lockerung der Produktionsbeschränkungen durch die Alliierten machte einen Wiederaufbau und den Ausbau der Firma möglich. Mit der Gründung der Bundesrepublik setzte das Unternehmen auf den Absatz eigener Rechen- und wenig später Additionsmaschinen, die unter dem verkürzten Namen des Firmengründers mit der Marke RoKli verkauft wurden. Als Robert Karl Friedrich Kling 1955 verstarb, übernahm sein ältester Sohn Robert Paul Kling die Verantwortung für das Werk und die mittlerweile 700 Beschäftigten. 1974 wurde das Unternehmen verkauft. Robert Adolf Kling und seine Frau Ursula machten sich im gleichen Jahr mit der Firma IBC Wälzlager GmbH selbständig.

IBC – das steht für Industrial Bearings and Components. Der Spezialanbieter für Wälzlager und Lineartechnik setzt die familiäre Fertigungstradition der Robert Kling Wetzlar GmbH damit seit mehr als 45 Jahren erfolgreich fort – und das inzwischen weltweit.

Kompetenz und technologische Leistungsfähigkeit werden durch ständig weiterentwickelte und optimierte Produkte aus der Fertigung der Werke in Solms-Oberbiel (Deutschland), Asslar (Deutschland), Grenchen (Schweiz) und Aurangabad (Indien) unter Beweis gestellt.

Ein prozessorientiertes Qualitätsmanagementsystem gewährleistet eine vollständige Kundenorientierung.

oben: Messung der Lauftoleranzen an Innen- und Außenring eines Kugellagers.
links: ATCoat-beschichtetes Schrägkugellager mit Keramikkugeln.

Dabei ist IBC zuverlässiger Anbieter von Hochpräzisions-Wälzlagern und Linearwälzlagern für System- und Einzellösungen entsprechend den Anforderungen der Kunden. Im rotativen Bereich beinhaltet das umfangreiche Produktprogramm neben Hochpräzisions-Schrägkugellagern, EXAD Hochleistungs-Zylinderrollenlagern und abgepassten Schrägkugellagern auch Rillenkugellager, Hybridwälzlager sowie Wälzlager in Sonderausführungen. Diese kommen unter anderem in Werkzeugmaschinen, Kompressoren, Separatoren, Vakuumpumpen, Druckmaschinen, Textilmaschinen, schnell drehenden Aggregaten, in der Antriebstechnik und im Sondermaschinenbau zum Einsatz.

Seit vielen Jahren ergänzt der Linearbereich das Fertigungsprogramm. Der führende Nischenanbieter passt das Linearwälzlager- und Teleskopführungsprogramm ständig den Kundenanforderungen an. IBC-Produkte werden in modernen Schienenfahrzeugen, Systemen für Türöffnungen, Umhausungen von Werkzeugmaschinen, Trittsteigen, Batterieauszügen, Elektronikschränken, Lagerungssytemen oder Interieurteilen verwendet.

Eine Erweiterung des Lieferprogramms stellen ATCoat-dünnchrombeschichtete Präzisionswälzlager und Linearführungen für spezielle Einsatzfälle dar. Nicht nur im Wälzlagerbereich, sondern auch in der Luftfahrt und im allgemeinen Maschinenbau werden Werkstücke durch die ATCoat-Beschichtung der Schwesterfirma ATC Armoloy Technology Coatings GmbH & Co. KG aus Mosbach besonders gut gegen Verschleiß und Korrosion geschützt. Kunden profitieren damit von einer deutlich verlängerten Gebrauchsdauer. Für eine ganz besondere Anwendung wurden die Experten aus Oberbiel aus dem südamerikanischen Chile kontaktiert. Auf einem Berg in der Einsamkeit der fast immer wolkenlosen Atacama-Wüste untersuchen dort Astronomen der Europäischen Südsternwarte fernab von künstlichen Lichtquellen unter anderem mit dem Very Large Telescope im Paranal Observatorium Himmelskörper weit außerhalb unseres Sonnensystems. Dazu sind Aufnahmen mit einer Winkelauflösung von tausendstel Bogensekunden notwendig. Für die exakte Positionierung der Optik sorgt IBC mit seinen mit Rubin- und Wolframcarbidkugeln sowie goldbeschichteten Wälzlagerringen ausgestatteten Hochpräzisions-Wälzlagern.

„Unsere Produkte überzeugen durch ihre hohe Präzision, lange Lebensdauer, ihre anwenderfreundliche Handhabung sowie ihre hohe Wirtschaftlichkeit und erreichen so die optimale Kombination", sagt Geschäftsführer Robert A. Kling. Das mittelständische, familiengeführte Unternehmen, mit den vier Geschäftsführern Robert A. Kling, Ursula Kling, Christina Kling-Haag und Katja Gennrich-Kling beschäftigt weltweit 220 Mitarbeiter und bildet regelmäßig eigene Fachkräfte aus. Ferner wird das Duale Studien-Angebot der Technischen Hochschule Mittelhessen unterstützt.

Die Teleskope des Paranal Observatoriums in Chile folgen Objekten in den Tiefen des Universums – mit Hochpräzisions-Wälzlagern aus Wetzlar.

Vorspannungsschleifen von Hochpräzisions-Spindellagern.

1918 | Die Novemberrevolution

Das Kaiser-Theater schließt

Im Herbst 1918 spielten die Wetzlarer Revolution. Nach der großen Kundgebung am 13. November sollten aber alle ruhig nach Hause gehen. Selbst der Arbeiter- und Soldatenrat erhob keine politischen oder sozialen Forderungen. Immerhin zogen wenig später zwei Frauen in den Stadtrat ein

Deutschland war am Ende. Das war auch den bürgerlichen Eliten spätestens am 3. Oktober 1918 schlagartig klar geworden, als Prinz Max von Baden das erste Reichskabinett unter Beteiligung der Mehrheitsparteien, also auch der Sozialdemokraten, zusammenrief. Die Alliierten hatten sich geweigert, mit einer anderen Regierung auch nur Friedensverhandlungen zu führen. Zu einer Unterwerfung unter zivile Kontrolle waren aber Teile der Marineführung nicht bereit. Drei Tage später erwog der Chef der Hochseeflotte, Admiral Adolf von Trotha, ein Himmelfahrtskommando. Dem Befehl zum Auslaufen indessen widersetzten sich Einheiten in Kiel und Wilhelmshaven. Es kam zu Gefechten, Befreiungsaktionen, einer Massendemonstration. Der Flottenführung fehlten loyale Truppen. Am Abend des 6. November gestand sie ihre Niederlage ein.

Schon tags darauf waren Matrosen in Köln. Sie wollten ihre seit einer Hungerrevolte im Vorjahr inhaftierten Kameraden aus dem Stammgefängnis befreien. Im Gepäck hatten sie die Revolution – und trugen den Umsturz-Gedanken über die Stadtgrenzen hinaus ins Reich. Nach Wetzlar haben sie es nicht geschafft. So kam die Revolution in der Stadt selbst erst in Gang, nachdem seine eigenen Getreuen dem in die Niederlande abgereisten Kaiser Wilhelm II. am 9. November in Berlin die Abdankung in den Mund gelegt hatten und der Sozialdemokrat Philipp Scheidemann daraufhin aus dem Fenster der Reichstagskantine gerufen hatte: „Es lebe die Republik!"

Zwei Tage später berichtete der Wetzlarer Anzeiger zufrieden, der Übergang in die neuen Verhältnisse habe sich „bei uns jetzt ohne alle Störung vollzogen". Es sei nicht die geringste „Unordnung" vorgekommen „und die Arbeit in den Werken und Geschäften geht ihren gewohnten Gang". Worin der Übergang denn bestanden habe, ließ die Zeitung allerdings offen. In der Stadtverwaltung blieben die alten Eliten um den Juristen Heinrich Kühn als Bürgermeister vollkommen unangetastet. Der linksliberale Kühn, ein begnadeter Redner mit vielen Ideen, dem allerdings auch Eigenmächtigkeit im Amt vorgeworfen wurde, lenkte die Wetzlarer Verwaltung – 1925 mit 15 gegen 13 Stimmen knapp wiedergewählt – auch durch die 1920er-Jahre.

Viel zu erschöpft waren die Stadt und ihre Bewohner nach vier Kriegs- und mindestens zwei Notjahren für engagierte Proteste. Die Versorgung mit dem Nötigsten stellte eine große Herausforderung dar. Die anstehende Demobilmachung ließ zudem Tausende heimkehrende Soldaten erwarten, die würdevoll empfangen und versorgt werden mussten.

Zuletzt hatte außerdem die Spanische Grippe unter der Zivilbevölkerung und vor allem unter den Kriegsgefangenen derart gewütet, dass viele Schulen „aus pädagogischen Gründen" mehrere Wochen geschlossen blieben. Allein in der Belegschaft der Preußisch-Hessischen Staatsbahnen sollen 45 000 Beschäftigte dienstunfähig gewesen sein. Zahlreiche Züge blieben in den Depots. Bis ins Frühjahr 1919 starben in Wetzlar rund 50 Zivilisten und 193 Kriegsgefangene an der heimtückischen Virusinfektion. Und auch das kinematographische „Kaiser-Theater" schloss. Erst am 9. November öffnete das Lichtspielhaus wieder – für die Vorstellung des Streifens „Dunkle

Else Schneider von der linksliberalen DDP wurde 1919 als eine der zwei ersten Frauen in die Stadtverordnetenversammlung gewählt.

Am 13. November rief der Arbeiter- und Soldatenrat zur großen Volksversammlung auf den Domplatz.

Der tatkräftige Bürgermeister Heinrich Kühn leitete Wetzlars Verwaltung von 1914 bis 1930.

Wolken am Firmament".
Wohl mehr aus dem Bedürfnis auch irgendwie dabei zu sein, gründeten am 10. November Angehörige der Unteroffiziersschule um den Hauptmann Heinrichshofen, tags darauf auch Beschäftigte der heimischen Industrie und Gewerkschaftsfunktionäre, einen Arbeiter- und Soldatenrat. Politische oder soziale Forderungen verbanden die gewählten Mitglieder damit nicht. Sie wollten zunächst nur die Stadt, den Bahnhof und die Kriegsgefangenen bewachen und erklärten sich zu Verbündeten der bestehenden Ordnung. Später engagierten sich die Räte für die Lebensmittelversorgung, bevor sie nach den Wahlen zur Nationalversammlung im Januar 1919 praktisch jede Bedeutung verloren.
Für den 13. November riefen die Räte zur großen Volksversammlung auf dem Domplatz. Die Bühne hatte man mit Tannenzweigen verkleidet, davor eine rote Fahne gestellt. Tausende Menschen drängten sich davor. Der Sozialdemokrat und Gewerkschafter Emil Lehnert lobte die Chance auf Demokratie und Sozialismus und appellierte an die Solidarität der Landbevölkerung. Der Vertreter der linken Unabhängigen Sozialdemokraten (USPD), Albrecht Fauth, erklärte den Machtanspruch der Räte bis zur Wahl einer Nationalversammlung, die eine neue Verfassung ausarbeiten solle. Damit war es dann genug der Revolution. Ruhig sollten die Teilnehmer nun nach Hause gehen und am kommenden Tag wieder arbeiten, bat Fauth.

Erst als die wirtschaftliche Lage für viele Arbeiter sich noch weiter verschlechterte, weil viele Betriebe der Wetzlarer Schwerindustrie unter den Bedingungen des Versailler Friedensvertrages nur mühsam zurechtkamen, gingen Tausende auf die Straße. 1921 traten rund 4500 Arbeiter und Hunderte Frauen in Wetzlar in den Ausstand. Substanzielle Verbesserungen erwirkten sie nicht. Als zwei Jahre später die galoppierende Inflation alle Waren des täglichen Gebrauchs von Tag zu Tag verteuerte, protestierten über 5000 Menschen gegen die Verhältnisse. Sie schlugen Schaufensterscheiben ein und räumten ganze Geschäfte aus. Die 16 Polizisten in der Stadt standen dem Treiben ziemlich hilflos gegenüber.

Für die Veränderung der politischen Verhältnisse interessierte sich dagegen nur eine Minderheit. Während am 19. Januar 1919 immerhin drei Viertel der Wahlberechtigten, darunter erstmals auch Frauen, die Nationalversammlung wählten, kam zwei Monate später nur noch die Hälfte zur ersten Kommunalwahl nach dem Krieg. Eine sichtbare Veränderung gab es: In der um acht Sitze vergrößerten Stadtverordnetenversammlung saßen nun erstmals zwei Frauen: Johanna Holland von der SPD und Else Schneider für die linksliberale DDP schafften den Sprung ins Stadtparlament.

Das Kaiser-Theater schloss im November 1918 – wegen der Spanischen Grippe. Danach brauchte das Lichtspielhaus einen neuen Namen.

WETZLAR IM WANDEL DER ZEIT

1180
1250
1285
1318
1349
1422
1525
1689
1731
1772
1796
1815
1841
1849
1862
1869
1883
1887
1903
1914
1922
1932
1938
1944
1945
1950
1956
1967
1977
1979
1989
2001
2005
2018

1922 | Satisloh GmbH

Klare Sicht für alle

Mit Präzisionsmaschinen und Prozesslösungen zur Herstellung von Brillengläsern und optischen Linsen sorgt das Wetzlarer Unternehmen Satisloh weltweit für besseren Durchblick. Dabei kann das Unternehmen auf fast ein Jahrhundert Erfahrung und eine internationale Präsenz bauen

Immer mehr Menschen wissen sie zu schätzen – eine Brille. Hatte in den 1950er-Jahren nur jeder zweite Deutsche gelegentlich oder andauernd eine Sehhilfe auf der Nase, so waren es bei einer Allensbach-Umfrage unter Deutschen im Alter von über 16 Jahren im Jahr 2008 schon 62 Prozent. Das liegt aber nicht nur an schwächer werdender Sehkraft und vermehrter PC-Arbeit. Brillen sind durch neue Produktionstechniken der Gläser in den letzten Jahren auch erheblich leichter geworden und damit bequemer zu tragen. Beschichtungen und Zusatzfunktionen wie die Selbsttönung bei starker Helligkeit erhöhen weiter den Tragekomfort. So haben die Sehhilfen von heute nur noch wenig mit jenen Sehsteinen gemein, die ab dem 13. Jahrhundert zunächst in Norditalien aufgekommen waren.

Die in Wetzlar ansässige Satisloh GmbH hat einiges zu dieser fortschreitenden Entwicklung beigetragen. 1922 hatte der aus Reiskirchen im heutigen Landkreis Gießen stammende Wilhelm Loh, der Sohn eines Tischlermeisters und späteren Möbelfabrikanten, im Alter von nur 24 Jahren sein eigenes Unternehmen als „Mechanische Werkstätte, Werkzeugbau & Schlosserei – Wilhelm Loh" am Liebfrauenberg in Wetzlar gegründet. Anfangs stellte er zusammen mit zwei Angestellten hauptsächlich Spindeln und sonstige Ausrüstung zur Bearbeitung von Mikroskop-Linsen her.

Der Absatz bei Wetzlars optischer Industrie und darüber hinaus funktionierte erfreulich gut. Schon bald brauchte die junge Firma mehr Platz. Nur drei Jahre nach seiner Selbstständigkeit ließ Wilhelm Loh ein neues Firmengelände in der Friedensstraße 26 in Wetzlar herrichten. Die Produktionskapazitäten vervielfachten sich. Fortan stellten Loh und seine Mitarbeiter Mehrspindelmaschinen her, die zum Schleifen und Polieren sowohl von Linsen als auch Prismen geeignet waren.

Unter anderem entwickelte der Inhaber mit seinen leitenden Mitarbeitern in dieser Zeit die erste Diamant-Schleifmaschine RF-1 und die Zentriermaschine WG.
1950 übernahm dann Wilhelms Sohn Ernst Loh, ein studierter Maschinenbau-Ingenieur, das Unternehmen. LOH wurde unter seiner Leitung Weltmarktführer in seinem Segment. Innerhalb des Unternehmens entstanden zudem die Geschäftsbereiche Feinoptik und Brillenoptik. Nach

Mit nur 24 Jahren gründete Wilhelm Loh seine „Mechanische Werkstätte, Werkzeugbau & Schlosserei"

Ab 1925 – die Aufnahme ist indessen deutlich jünger – produzierten Loh und seine Mitarbeiter in der Friedensstraße Mehrspindelmaschinen, die zum Schleifen und Polieren sowohl von Linsen als auch Prismen geeignet waren.

Ernst Loh machte das Unternehmen zum Weltmarktführer in seinem Segment.

WETZLAR IM WANDEL DER ZEIT

der Gründung einer Holding in der Schweiz firmierte man jetzt unter dem Namen Loh Optikmaschinen AG, Wetzlar. Hauptproduktionsstandort blieb Wetzlar. Tochtergesellschaften wurden in Germantown (USA), Hongkong, Indien, Frankreich und Spanien gegründet.

In den 1980er-Jahren wandelte sich das Produktportfolio weiter. Loh wurde zum führenden Komplettanbieter für Maschinen, Zubehör und komplette Produktionslinien für die Brillengläser und Feinoptik. Unter anderem wurden hier ab 1982 einige der ersten CNC-Fräsen produziert.

1997 zog der Wetzlarer Betriebsteil mit heute rund 270 Beschäftigten dann an den heutigen Standort in der Wilhelm-Loh-Straße. Hier entstehen seither die neuesten Maschinen in der Feinoptik und Brillenoptik weltweit. 2005 fusioniert Loh mit der Schweizer Firma Satis Vacuum zu Satisloh. Längst zählen auch diverse Serviceleistungen, Produktionsmittel und Schulungen zum Angebot des Unternehmens. Dazu beschäftigt das Unternehmen etwa 1000 Mitarbeiter an 22 Standorten auf fünf Kontinenten. Seit 2008 geschieht dies nach mehreren Fusionen unter dem Dach des französischen Essilor Konzerns – eines international führenden Herstellers für Brillengläser. Der Hauptproduktions- und Entwicklungsstandort befindet sich dabei nach wie vor in der Optikstadt Wetzlar und erhielt 2018 die Zertifizierung nach DIN ISO9001.

Bei der Entwicklung und Produktion bemüht sich Satisloh um eine ressourcenschonende und möglichst umweltfreundliche Fertigung. 2014 gewann das Unternehmen etwa den Bundespreis ecodesign für die Entwicklung seines schwermetallfreien Fertigungsprozesses von Brillengläsern. Auch um Nachwuchskräfte kümmert man sich aktiv. Satisloh bildet mittlerweile sowohl in technischen wie kaufmännischen Berufen aus und kooperiert zusätzlich mit der THM Wetzlar bei dualen Studiengängen. Und weil ein Unternehmen den Technologiewandel nicht alleine bewältigen und die Chancen der Digitalisierung zielführend nutzen kann, ist Satisloh Mitglied im Verband Deutscher Maschinen- und Anlagenbau (VDMA), im regionalen Innovationsnetz Optische Technologien Optence e. V. und in der Forschungsgemeinschaft Ultrapräzisionstechnik e. V.

Mit der RF-1 brachte Loh die weltweit erste Diamant-Schleifmaschine für Brillengläser auf den Markt.

Seit 1997 hat der Wetzlarer Betriebsteil mit heute rund 270 Beschäftigten seinen Sitz in der Wilhelm-Loh-Straße.

1932 | Zwischen den Kriegen

Zivilcourage und Anpassung

Ab 1931 fand die NSDAP auch in der Arbeiterstadt Wetzlar viel Zulauf. Bei den Reichstagswahlen im Folgejahr wurde sie vor der SPD stärkste Kraft. Trotzdem hat sie es in Wetzlar nie zu einer demokratischen Mehrheit geschafft. Die Machtübernahme gelang nur mit Gewalt und von außen

Rote Flaggen mit dem schwarzen Hakenkreuz in der Mitte flatterten auf dem Domplatz im Licht greller Scheinwerfer. Hunderte Überzeugte und Schaulustige verfolgten eine Rede von NSDAP-Reichspropagandaleiter Joseph Goebbels – aus der Ferne mittels Lautsprechern übertragen. Anschließend nahmen die Mitglieder der NSDAP und ihrer Hilfsorganisation SA, SS und Hitlerjugend Aufstellung und marschierten mit einem Meer von Fackeln durch die Stadt. Der Machtanspruch der rechtsradikalen Partei an diesem 9. März 1933 war umfassend. Die Straße – so suggerierten die sorgsam inszenierten Bilder – gehörte ihr schon. Und ein politischer Neuanfang sollte mit der Reichstags- und preußischen Landtagswahl am Folgetag nun auch alle politische Macht in ihren Händen konzentrieren.

Von einem wirklich fairen Wettstreit konnte keine Rede sein. Tage zuvor waren alle Zeitungen, Drucksachen und Plakate der übrigen Parteien verboten und von eifrigen Polizisten auch in Wetzlar beschlagnahmt worden. Männer der nationalsozialistischen Sturmabteilung in ihren braunen Uniformen standen am Wahltag einschüchternd vor den Wahllokalen.

Trotzdem wurde die Wahlkampfveranstaltung der Realität nicht gerecht. Bei den letzten zumindest noch halbwegs unabhängigen Wahlen der instabilen Weimarer Republik errangen Nationalsozialisten am 10. März 1933 reichsweit keine absolute Mehrheit. Und in der von Industriearbeitern dominierten Stadt Wetzlar konnte die Partei sogar nur 4092 Stimmen (37,4 Prozent) auf sich vereinigen. Die SPD konnte sich in ihrer Hochburg im Vergleich zu den letzten Reichstagswahlen im November 1932 wieder um 4 Prozent verbessern auf 3384 Stimmen (30,9 Prozent). Wetzlars Bevölkerung hat sich den Nationalsozialisten mehrheitlich nicht aus freien Stücken unterworfen. Sie hat sie allerdings wohl lange unterschätzt.

Der rückschauende Eindruck, die Weimarer Demokratie hätte nach dem verlorenen Ersten Weltkrieg bei mangelnder demokratischer Gesinnung der Eliten und in der wirtschaftlichen Notlage in Folge der Weltwirtschaftskrise zwangsläufig kollabieren müssen, lässt sich heute nicht mehr halten. Ganz im Gegenteil hatte die Weimarer Republik auch in Wetzlar viele entschiedene Befürworter wie den linksliberalen Unternehmer und Politiker Ernst Leitz II. Dennoch machten völkische, antisemitische und revanchistische Gedanken an den Rändern der Gesellschaft die

Die Aufmärsche von SS, SA und HJ – wie hier Anfang Juli 1932 in der Langgasse – sollten auch in Wetzlar eine Mehrheit der NSDAP suggerieren. Bei den Reichstagswahlen im November wurde sie zwar stärkste Partei, aber nur mit 28,9 Prozent.

NS-Prominenz besuchte 1936 den Bebelplatz und beanspruchte damit auch den Sozialismus für sich.

Runde. Die NSDAP konnte nach einem kleinen Aufflackern 1924 jedoch bis 1929/30 keine nennenswerten lokalen Strukturen aufbauen. 1929 hatte die Partei ganze 26 Mitglieder. Zwei Jahre später gab es eine SS mit zehn Mitgliedern, eine SA mit 20 bis 25 Männern und eine Hitlerjungend mit 30 bis 35 Jugendlichen. Die wenigsten Mitglieder waren programmatisch gefestigte Nationalsozialisten. Der Wunsch nach Veränderung, sozialem und wirtschaftlichem Aufstieg und nach Gemeinschaft motivierte sie.

In bürgerlichen Kreisen nahm man die Extremisten lange Zeit nicht ernst. Allerdings erschütterte ein Korruptions-Skandal um den seit 1914 amtierenden Bürgermeister Heinrich Kühn 1930 die Glaubwürdigkeit der bürgerlichen Parteien. Ende Januar 1930 hatten die Stadtverordneten dem tatkräftigen Beamten und exzellenten Redner noch die Amtsbezeichnung Oberbürgermeister zuerkannt. Doch am 16. September desselben Jahres erschoss sich der Wahlbeamte am Grab seiner Tochter. Hinweise auf Amtsmissbrauch und persönliche Bereicherung hatten wenige Tage zuvor den Regierungspräsidenten in Wiesbaden auf den Plan gerufen, der ein Disziplinarverfahren eröffnet hatte. Nur die SPD und die NSDAP gingen als unbelastet aus der Affäre hervor.

Reichskanzler Heinrich Brüning hatte mit einer Fülle von Notverordnungen der wirtschaftlichen und politischen Krise nach dem Schwarzen Freitag an der New Yorker Börse begegnen wollen. 1932 übertrug Reichspräsident Paul von Hindenburg die Regierungsgewalt dem rechtskonservativen Kabinett der Barone unter Franz von Papen, der an einer funktionierenden Demokratie gar kein Interesse mehr zeigte. Im Juni ließ Papen in Berlin den geschäftsführenden preußischen Ministerpräsidenten Otto Braun gewaltsam aus dem Amt vertreiben, übertrug die Regierung dem Reichswehrminister und schränkte die Grundrechte ein.

In dieser Gemengelage kam es im Herbst zu einer überraschend weitreichenden Gebietsreform. Die Exklave Wetzlar wurde dabei gleich Anfang Oktober 1932 aus der Rheinprovinz gelöst und in vergrößerter Form der Provinz Hessen-Nassau zugeschlagen. Dass es zu einer solchen Flurbereinigung unter demokratischen Verhältnissen zeitnah gekommen wäre, ist unwahrscheinlich.

Der Wunsch nach einem Neuanfang war damals weit verbreitet. Bei den Reichstagswahlen im November 1932 landete die NSDAP in Wetzlar deshalb mit 28,9 Prozent auf dem ersten Platz noch vor der SPD mit 26,9 Prozent. Als Hindenburg drei Monate später den – wie er sagte – „böhmischen Gefreiten" Adolf Hitler als Reichskanzler inthronisierte, setzte die NSDAP alles daran, ihre Macht mit allen Mitteln auszubauen. „Hitler und der nationale Sozialismus" würden den Platz, „den sie und des Volkes Wille erkämpft haben" freiwillig niemals mehr weggeben, schrie bei einem Auftritt in Wetzlar kurz nach der Machtübernahme der fanatisierte Rechtsanwalt Robert Freisler – der spätere Präsident des Volksgerichtshofes.

Tatsächlich konnten weder demokratische Kampforganisationen wie das Reichsbanner Schwarz-Rot-Gold - das 1931 noch mit 5000 Teilnehmern gegen den Faschismus demonstriert hatte – noch mutige Taten einzelner die Entwicklung aufhalten.

Das scheinheilig betitelte Gesetz zur Wiederherstellung des Berufsbeamtentums ermöglichte die Entlassung politisch missliebiger oder unzuverlässiger Beamter. NS-Funktionäre übernahmen auch vor Ort Schlüsselstellungen. So wurde NSDAP-Kreisleiter Heinrich Grillo, ein Kommandant der Feldpolizei im Ersten Weltkrieg, im Mai 1931 auch Landrat im Kreis Wetzlar. Als Bürgermeister der Stadt musste Hugo Bangert zurücktreten. Ihm folgte 1934 bis 1943 der überzeugte Nationalsozialist Eugen Kindermann. Die gewählten Stadtverordneten wurden durch Gemeinderäte aus Parteikreisen der NSDAP ersetzt.

Die Mehrheit in Wetzlar war stets demokratisch. Versammlungen des SPD-nahen Reichsbanners – wie hier 1931 auf dem Domplatz – sollten den NS-Trupps die Straßenhoheit absprechen.

WETZLAR IM WANDEL DER ZEIT

1938 | Wetzlars Juden

Leitz' Leute

Mit dem NS-Regime kam auch in Wetzlar das jüdische Leben zum Erliegen. Die Synagoge verschonten die einbestellten SA-Männer in der Reichspogromnacht 1938 nur äußerlich aus Angst vor einem Großfeuer. Viele Bürger starben wenig später in Konzentrationslagern. Einige brachte der Fabrikant Ernst Leitz in Sicherheit

Als die Nationalsozialisten nach ihrem kometenhaften Aufstieg von der belächelten Splitterpartei zur Partei-Diktatur am 10. März 1933 mit der letzten Wahl zum Reichstag ihre Macht endgültig besiegeln wollten, stimmte der Fabrikant und linksliberale Stadtverordnete Ernst Leitz Junior – er hatte ein Mandat der DDP – am Wahltag demonstrativ das Deutschlandlied an. NS-Anhänger übertönten ihn mit dem Horst-Wessel-Lied. Fortan hielt Leitz, der die Nazis vorher lautstark als „braune Affen" beschimpft hatte, sich mit öffentlicher Kritik zurück. Doch früh zählte er eins und eins zusammen und zog daraus entschiedene Konsequenzen.

Nachdem sein ehemaliger Parteikollege Nathan Rosenthal Leitz schon 1933 erzählt hatte, sein Sohn Paul werde von Mitschülern als Jude gehänselt, nahm Leitz den Jungen spontan in die Lehre und entzog ihn so dem braunen Pöbel. Fünf Jahre später bezahlte er Paul die Ausreise in die USA. Als Rosenthal Seniors Kornhandel geschlossen wurde, mietete Leitz die Lagerhallen für einen fairen Preis. Dem jüdischen Arzt Aaron Strauß organisierte Leitz nicht nur die Emigration. Er kaufte auch sein Haus und schickte das Geld illegal als Zahlungsanweisung in Dollar hinterher. Leitz war kein Oskar Schindler. Er hatte keine Liste und ging nicht systematisch vor. Aber der Fabrikant nutzte das Renommee seiner Firma, die von den Nazis als deutsches Erfolgsunternehmen propagandistisch genutzt wurde, um immer wieder Einzelnen und ganzen Familien zu helfen. Vielen ebnete er mit Empfehlungsschreiben und Geld den Weg ins Ausland. 86 Personen soll er so bis Kriegsende aus prekären Situationen geholfen haben. Darunter waren auch politische Freunde wie der Wetzlarer Beigeordnete Karl Horn. Nachdem Horn bei einem Kaffeeplausch im Hause Leitz 1943 Zweifel am Endsieg geäußert hatte, war er von zwei Teilnehmerinnen denunziert und verhaftet worden. Nur Leitz rette Horn die Haut, indem er vor Gericht für ihn log. Auch persönlich zahlte der mutige Unternehmer

Zweifel am Endsieg brachten den Wetzlarer 1. Beigeordneten und Kämmerer Karl Horn ins Gefängnis.

Oben: Auch Wetzlars jüdische Mitbürger mussten ab 1935 einen solchen Aufnäher gut sichtbar an ihrer Kleidung tragen.

Rechts: Seit 1756 bestand eine Synagoge in einem ehemaligen Färberhaus in der Pfannenstielgasse.

Ein Nazi durch und durch: Der vom NS-Regime eingesetzte Bürgermeister Eugen Kindermann bedankte sich offiziell für die Hilfe der SA in der Reichspogromnacht.

Alle Fotos: Stadtarchiv Wetzlar

Lange hatten sich die Juden in Sicherheit gewähnt. Seit 1850 waren sie in Preußen allen übrigen Bürgern rechtlich gleichgestellt. Viele hatten sich in der hiesigen Ortsgruppe des Central-Vereins deutscher Staatsbürger jüdischen Glaubens engagiert. Einige waren im Ersten Weltkrieg für ihr Land als Soldaten an die Front gegangen. Dass der aufkommende Antisemitismus ihr Leben gefährden würde, glaubten viele erst, als die Nürnberger Rassegesetze 1935 Juden staatlich sanktioniert diskriminierten. Und da war es für die weniger Vermögenden oft bereits zu spät zum Handeln.

Zu diesen Leuten gehörte auch Familie Lyon. Vater Josef betrieb mit Ehefrau Berta auf dem Liebfrauenberg mehr schlecht als recht einen Altwarenhandel. Mit den fünf Kindern konnte das Ehepaar sich keine großen Sprünge leisten. Im Herbst 1933 war Josef zunächst mit etlichen Glaubensgenossen aus der Stadt im Konzentrationslager Buchenwald „in Schutzhaft genommen" worden, kam dann aber zunächst wieder frei. 1940 wurde das Ehepaar in Frankfurt interniert, zwei Jahre später dann gen Osten deportiert. Hier verlieren sich Josefs Spuren. Berta wurde im Ghetto Izbica ermordet. Auch die Töchter Rosa, Paula und Lina wurden, obgleich mit deutschen Männern verheiratet, Opfer des NS-Terrors. Der Sohn Herrmann starb als Säugling. Nur die älteste Tochter Henriette konnte sich bis zur Kapitulation im Wald verstecken. Von Wetzlar aus wurden insgesamt mehr als 50 jüdische Bürger deportiert. 1943 galt die Stadt offiziell als „judenfrei".

Auch dass Wetzlars Synagoge von 1756 in einem ehemaligen Färberhaus in der Pfannenstielgasse in der Reichspogromnacht am Abend des 9. November 1938 nicht wie andere jüdische Gotteshäuser in Flammen aufgegangen war, hatte rein praktische Gründe. Die Verantwortlichen fürchteten ein Übergreifen der Flammen auf benachbarte Häuser und damit einen unkontrollierbaren Großbrand. Trotzdem leisteten die Männer der SA-Standarte Jäger 33 ganze Arbeit. Sie drangen in die Synagoge, aber auch in Geschäfte und Privatwohnungen ein, zertrümmerten das Mobiliar, entweihten und zerstörten den Thora-Schrein, warfen alles auf die Straße und karrten es fort. Die männlichen Juden nahmen sie in Schutzhaft. Die Synagoge wurde im Jahr darauf von der jüdischen Gemeinde als Lagerraum an eine Brauerei verkauft und 1958 wegen Baufälligkeit abgerissen.

Offiziell sollte das November-Pogrom wie unkontrollierter Volkszorn aussehen. Umso aufschlussreicher und in dieser Form ziemlich außergewöhnlich ist deshalb ein Dankschreiben von Bürgermeister Eugen Kindermann an den Führer der SA-Standarte. „Dank Ihrer Hilfe konnte die Judenfrage in Wetzlar reibungslos gelöst werden", schrieb Kindermann und überwies 50 Reichsmark für den nächsten Kameradschaftsabend.

Nach der Verwüstung der Synagoge am 9. November 1938 wurden auch in Wetzlar jüdische Einwohner abtransportiert.

dafür einen hohen Preis. 1942 – die deutschen Grenzen waren längst geschlossen – hatte auch Leitz' Tochter Elsie, eine promovierte Juristin, der Wetzlarer Jüdin Hedwig Palm mit Geld, Karten und Quartier in München bei der Flucht in die Schweiz helfen wollen. Die Frau war aber an der Grenze aufgegriffen worden. Gestapo-Beamte nahmen nun auch Kühn-Leitz mit. Aus Sorge um seine Tochter erlitt Leitz einen Schlaganfall. Nur ein Freund der Familie konnte mit Geld die Freilassung bewirken. Dass dieser Mann im selben Jahr nicht aus Überzeugung Mitglied der NSDAP wurde, liegt auf der Hand. Leitz wollte eine drohende Verstaatlichung seiner Firma vereiteln. Längst nicht alle der 1933 noch mindestens 110 Wetzlarer Juden – nach einer Aufstellung des Einwohnermeldeamtes aus dem Jahr 1967 – oder Regime-Gegner hatten so viel Glück im Unglück.

Elsie Kühn-Leitz wollte einer Jüdin bei der Ausreise in die Schweiz helfen. Sie kam dafür in Gestapo-Haft.

WETZLAR IM WANDEL DER ZEIT

1938 | Karl Grumbach GmbH & Co. KG

Innovative Produkte für Dächer und Bäder

Grumbach – dieser Name steht heute für Erfahrung, Kompetenz und Innovation bei der Entwässerung von Flachdächern und der Sanitärtechnik im Bad. Das Familienunternehmen befasst sich seit 1974 mit der Entwicklung, Herstellung und dem Vertrieb von Sanitärprodukten wie Komplettbädern, Komplettduschen, Sanitärbausteinen für die Vorwandinstallation und Duschbodensystemen für bodengleiche Duschen. Der zweite Schwerpunkt sind Flachdachprodukte: Dachgullys, Dachlüfter und Zubehör für die Entwässerung und Entlüftung von Flachdächern

Flachdächer sind gerade bei großen Bauvorhaben seit Jahrzehnten eine preisgünstige Alternative zum herkömmlichen Steildach. Damit sie lange halten und zuverlässig dicht bleiben, muss allerdings das Regenwasser schnell und kontrolliert abfließen. Moderne Dachgullys sorgen für den gewünschten Effekt mit Abflussmengen von bis zu 18 Litern pro Sekunde. Auch auf Garagendächern, Terrassen oder Balkonen soll nach Starkregen die Entwässerung problemlos funktionieren. Seit vier Jahrzehnten ist das Wetzlarer Familienunternehmen Karl Grumbach GmbH & Co. KG in diesem Segment aktiv und hat in dieser Zeit ein Produktprogramm für jeden Bedarf entwickelt. Ein Nischenmarkt – gewiss, aber für die Flachdach-Entwässerung bietet das Unternehmen heute das größte Dachgully-Programm in Europa an.

Und wie kam es dazu? Am 1. August 1938 machte der 26 Jahre alte Klempner- und Installationsmeister Karl Grumbach sich mit einem

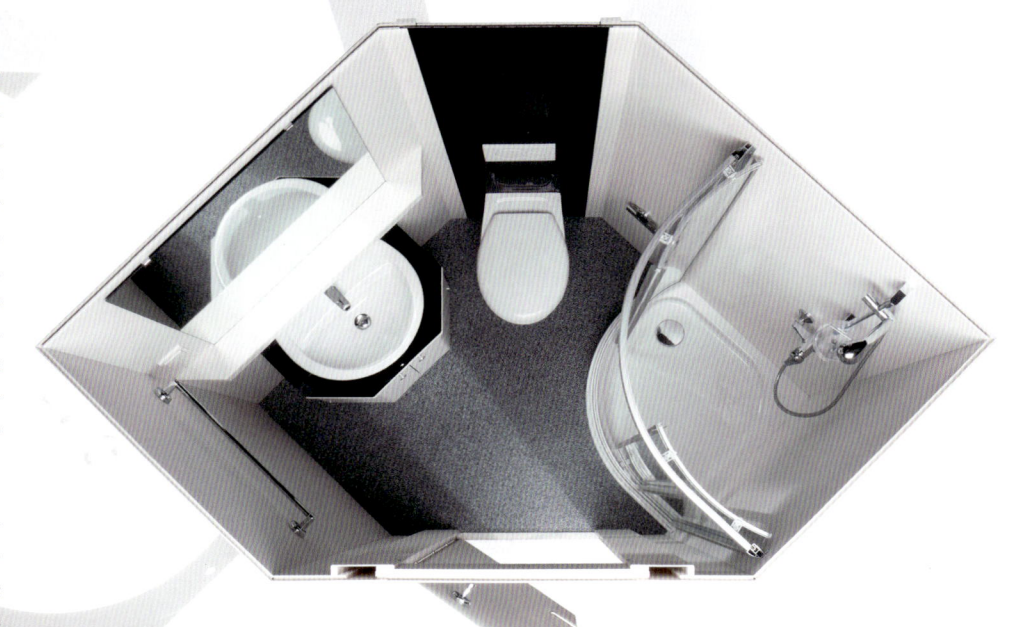

Grumbach aus Wetzlar-Münchholzhausen ist bundesweit einer der führenden Hersteller von Fertigbädern und Fertigduschen wie der hier gezeigten Serie Universal. Diese sind optimal für Hotels, Pensionen, Ferienhäuser und Hobbyräume.

Handwerksbetrieb für Sanitär, Heizung und Klempnerei in Wetzlar – Münchholzhausen selbständig. Bereits in den 1950er Jahren entwickelten er und seine Mitarbeiter viele innovative Ideen für Probleme der Installationstechnik, zunächst vor allem für den eigenen Bedarf. Karl Grumbach und später vor allem sein Sohn Emil erkannten aber bald, dass diese Lösungen auch für andere Handwerksbetriebe von Interesse sein konnten, da sie ihnen Zeit und Aufwand für Einzelfalllösungen sparten. Seit 1965 werden deshalb im Unternehmen Installationselemente, Sanitär-Fertigteile und Ablaufeinrichtungen für die Dach- und Balkonentwässerung hergestellt und vertrieben.

1972 übertrug Karl Grumbach seinem Sohn Emil die komplette Geschäftsführung. Der Junior war längst zum zweiten Kopf des Unternehmens herangewachsen. Schon 1947 hatte er seine Lehre im väterlichen Betrieb begonnen und sieben Jahre später die technische Leitung im Alter von 21 Jahren übernommen. Emil Grumbach war ein leidenschaftlicher Tüftler und Entwickler. Der Stand der Technik war für ihn im Detail eine Herausforderung, die es zu optimieren galt. Im Lauf seines Lebens konnte er so mehr als 30 Gebrauchsmuster und 13 Patente zur Anmeldung bringen. Zu seinen wichtigsten Entwicklungen gehörten eine Abkantbank mit Hand- und Fußbetätigung und eine elektrische Handkluppe, die heute in fast jedem Handwerksbetrieb zu finden sind. Er entwarf WC-Spülkästen für Auf- und Unterputz, Abläufe für Dach, Balkon und Dusche, bodengleiche Brausewannen, die heute zum Standardprogramm jedes Wannenherstellers gehören, Sanitärkabinen, Fertigbäder und Fertigduschen und 1982 sogar Brutgeräte.

Der Eck-WC-Stein 108 cm hoch, hier eingebaut und mit Fliesen belegt.

Alle Fotos: Grumbach

Drei Jahre nach der Betriebsübernahme von Emil Grumbach wurden 1975 die ersten Fertigbäder, Fertigduschen und Dachgullys industriell bzw. serienmäßig gefertigt und ausgeliefert.

Auf der Messe IFH in Nürnberg präsentierte das Unternehmen 1994 zum ersten Mal Sanitärbausteine aus hochwertigem Polyurethan-Integral-Hartschaum (PUR), die viel einfacher und zeitsparender als Vorläufermodelle vor der Wand installiert werden können. Die ersten zwei Spülkästen waren damals der Universal-Block mit einer Höhe von 108 cm und der Universal-Block mit 83 cm Höhe. Die Sanitärbausteine aus PUR sind geräuscharm, sie isolieren gegen Schwitzwasser und lassen sich direkt befliesen. Inzwischen präsentiert das Unternehmen superniedrige WC-Vorwandmodule bis 78 cm Höhe und es gibt sogar einen superflachen WC-Stein mit nur 8 cm Tiefe. Damit lassen sich – etwa bei Sanierungen mit geringem Platzangebot – Vorwandinstallationen für wandhängende WCs von äußerst geringer Tiefe realisieren. Nur vier Jahre später, d. h. 1998, wurden die ersten zwei Eck-Spülkästen mit großem Erfolg eingeführt.

Universal-Gully, waagerecht ist das Hauptprodukt der Produktgruppe Flachdachprogramm.

Im Unternehmen vollzogen sich derweil weitere Veränderungen. Am 2. Juni 1996 war der Unternehmensgründer Karl Grumbach im Alter von 84 Jahren verstorben. 2004 fiel die Entscheidung, das Unternehmen auch zukünftig in Familienbesitz zu belassen. Die vier Töchter von Emil Grumbach – Rita Günther, Susanne Konstantinidis, Stephanie Godow und Julia Grumbach – wurden Gesellschafterinnen, Diplom-Kaufmann Lazaros Konstantinidis wurde neben Emil Grumbach als zweiter Geschäftsführer bestellt. 2011 löste die Diplom-Betriebswirtin (FH) Susanne Konstantinidis schließlich ihren Vater in der Geschäftsleitung ab. Nach 39 Jahren ging die Ära Emil Grumbach als Geschäftsführer zu Ende. Der Seniorchef starb am 8. Dezember 2017 – wie sein eigener Vater im Alter von 84 Jahren.

Auch in der dritten Generation hat Grumbach konsequent neue Marktnischen erschlossen. Auf der internationalen Fachausstellung ISH in Frankfurt stellte das Unternehmen 2007 das erste hauseigene Duschbodensystem zum Einbau bodengleicher Duschen vor. Es folgten der „Slim-Block" – mit einer Breite von nur 20 cm, das schmalste Wand-WC-Vorwandelement auf dem Markt, und im Jahr 2018 die neue Fertigbad-Serie „Individual".

Dem Bedarf nach innovativen Produkten „Made in Germany" mit schlanker, bewährter Technik im richtigen Preis-Leistungs-Verhältnis ist das Wetzlarer Unternehmen damit auch 80 Jahre nach seiner Gründung weiterhin treu. Im Jahr 2018 beschäftigt das Unternehmen 110 Mitarbeiter und erwartet einen Umsatz in Höhe von ca. 15,5 Mio. €.

Das Unternehmen hat seinen Firmensitz heute am Rand von Münchholzhausen.

Der Eck-WC-Stein 108 cm hoch ist das Hauptprodukt der Produktgruppe Sanitärbausteine aus PUR.

Duschbodenelement aus PUR mit Rinnenentwässerung und höhenverstellbarer Seitenblende, hier mit Fliesen belegt.

WETZLAR IM WANDEL DER ZEIT

1944 | Zwangsarbeit und Bombenkrieg

Bis zum letzten Mann

Der Angriffskrieg der Nationalsozialisten wurde zum Bumerang für die Bevölkerung. Nicht nur zahllose Wetzlarer fielen als Soldaten auf den Schlachtfeldern von Nordafrika bis Sibirien. Hunderte kamen auch in den Luftangriffen auf die Stadt selbst um. Auch viele historische Gebäude wurden ein Raub der Bomben

Wer Adolf Hitlers ermüdende Programmschrift „Mein Kampf" – die in der NS-Zeit jedem Brautpaar vom Standesbeamten überreicht wurde – auch nur ansatzweise gelesen hatte, dem war frühzeitig klar, dass die NS-Diktatur einen neuerlichen Krieg bezweckte. Die Vorbereitungen dafür begannen fast unmittelbar nachdem das Regime seine Macht gefestigt hatte. 1934 kaufte der Staat das Gelände der Spilburg, um dort das Infanterie-Regiment 36 zu stationieren. Im Jahr darauf regelte das Luftschutzgesetz Zuständigkeitsfragen und die Pflicht der Bevölkerung zum Selbstschutz vor Bombenangriffen. 1936 begann die Stadt mit dem Bau einer breiten Ringstraße, dem heutigen Karl-Kellner-Ring, die auch Truppenbewegungen deutlich vereinfachte. 1937 vermerkte der Regierungspräsident in Wiesbaden vorsorglich, dass im Kriegsfall der Bedarf an Soldaten derart immens sein werde, dass auch alle Veteranen des Ersten Weltkriegs „wenn irgend tragbar" zur Wehrmacht eingezogen werden sollten.

Als dann am 1. September 1939 mit dem Angriff auf Polen der Zweite Weltkrieg begann, wurden für viele Wetzlarer Erinnerungen an die Schrecken des Ersten Weltkrieges wach. Von Kriegsbegeisterung war auch in ideologisch aufgeputschten Kreisen wenig zu spüren. Und schon am ersten Kriegstag kam mit Karlheinz Zissler der erste junge Wetzlarer Soldat ums Leben. Mit Fortschreiten des Krieges stieg die Zahl der gefallenen Söhne, Brüder und Ehemänner immer weiter an. Vor allem im Kriegsjahr 1944 war sie mit 177 Kriegstoten besonders hoch. Auch kurz vor Kriegsende, als die Kapitulation längst unausweichlich war, starben 1945 noch 127 Männer aus Wetzlar. Insgesamt listete die Stadtverwaltung der 17500-Einwohner-Stadt nach Kriegsende 684 Gefallene auf.

Je höher die Verluste, desto dringlicher wurde der Bedarf an Nachrückern. Immer weniger Männer zwischen 16 und 60 Jahren galten in der Verwaltung und der kriegswichtigen Industrie als unabkömmlich. Auch alle Frauen bis 50 Jahren wurden jetzt für die Arbeit in den Rüstungsbetrieben registriert. Im Februar 1943 stellte selbst Bürgermeister Eugen Kindermann für sich keinen

Nach dem Luftangriff vom 20. Juli 1944 wurde die Trauerfeier auf dem Friedhof an der Bergstraße zur NS-Propaganda missbraucht.

Nach dem letzten Luftangriff im März 1945 war auch das Lottehaus schwer beschädigt.

Alle Fotos: Stadtarchiv Wetzlar

Die Zerstörungen am Wetzlarer Dom waren für die Bevölkerung besonders schmerzlich.

Unabkömmlichkeits-Antrag mehr und legte die Stadtverwaltung in die Hände des Beigeordneten Horn. Wer noch eine Waffe halten konnte, der wurde schließlich zum Volkssturm eingezogen, um die Verteidigung der Stadt gegen die anrückenden Amerikaner zu übernehmen.

Der Mangel an Personal gefährdete schon bald die landwirtschaftliche Produktion von Lebensmitteln und auch der kriegswichtigen Industrie drohten empfindliche Engpässe. Ab 1940 schloss das Regime die Lücken zunächst mit angeworbenen Arbeitskräften aus dem besetzten Polen, Belgien, Frankreich und den Niederlanden. Während die Westeuropäer grundsätzlich besser behandelt und teilweise privat einquartiert wurden, mussten die Polen in zugigen Holzbaracken hausen und wurden mit einem großen P auf der rechten Brust als minderwertig abgestempelt. Kneipen- und Kinobesuche waren ihnen ebenso streng verboten wie Beziehungen zu Deutschen. Für die Arbeit gab es kein Geld und die Verpflegung reichte nicht aus. Weil sich die harsche Behandlung schnell bis in die Heimat herumsprach, musste der Staat schon bald Arbeitskräfte zwangsverpflichten. Vor allem Menschen aus der Sowjetunion füllten schließlich die 20 Zwangsarbeitslager in der Stadt. Eine offizielle Momentaufnahme vom 30. Juni 1944 nennt 2548 „Ostarbeiter", 1393 andere Ausländer und 1243 Kriegsgefangene in der Stadt. Man schätzt, dass allein in Wetzlar mit seiner Schwerindustrie 5000 bis 6000 Menschen zwangsweise für den Krieg der Deutschen schufteten.

Am 28. Mai 1944 kam der Krieg dann auch in

WETZLAR IM WANDEL DER ZEIT

1349
1422
1525
1689
1731
1772
1796
1808
1815
1841
1849
1862
1869
1883
1887
1903
1914
1922
1932
1938
1944
1945
1950
1956
1967
1977
1979
1989
2001
2005
2018

Zum Schutz der Bevölkerung hatte die Stadt auch eine Stollenanlage in den Hauserberg treiben lassen.

die Stadt. Der erste von insgesamt 23 größeren Luftangriffen bis März 1945 suchte Wetzlar heim. Die Stadt hatte Stollenanlagen in den Geiersberg, in die Kalksteinbrüche am Simberg, am Hauserberg sowie unter der Domtreppe treiben lassen, die einem Großteil der Bevölkerung Schutz boten. Ständig eilten die Menschen nun mit kleinen Luftschutzköfferchen und Volksgasmasken zwischen ihren Häusern und Arbeitsstätten und den Bunkern hin und her. Bei jedem Sirenenalarm wusste man nicht, wie die Stadt hinterher aussehen würde und wer unter den Opfern sein würde. 288 Menschen – darunter mindestens 22 Kinder – schafften es nicht rechtzeitig oder wurden in ihren privaten Luftschutzräumen verschüttet. Nach dem schweren Angriff vom 20. Juli 1944, bei dem 600 Bomben 20 Gebäude vollständig und 465 leicht beschädigten, wurden die Toten noch in einer offiziellen Feierstunde auf dem Friedhof an der Bergstraße zu nationalen Vorbildern stilisiert. Später wurden die Klagen stiller und die Verwaltung vermerkte, es sei nicht einmal mehr ausreichend Kohle zum Einäschern verfügbar.

Mit einem Zerstörungsgrad von 25 Prozent kam Wetzlar im Zweiten Weltkrieg verglichen mit anderen Städten glimpflich davon. Vor allem galten die Angriffe den Industrieanlagen in Niedergirmes, die allerdings teilweise bis zum Kriegsende in Betrieb blieben. Auch die Eisenbahnstrecken waren vorrangige Ziele und wurden teilweise unterbrochen.

Natürlich war jedes zur Ruine gebombte Haus ein schwerer Verlust. Nach dem letzten Angriff vom 20. März 1945 war das Ausflugslokal Schützengarten ebenso Vergangenheit wie das Pfründnerheim des Hospitals oder die barocken Stadtvillen in der Lottestraße 12 und 14. Als größten Verlust empfanden die Bürger die erheblichen Schäden an der Domkirche. Bis 1945 hatte sie die Kriegshandlungen unbeschadet überstanden. Doch beim Angriff vom 8. März fiel eine von 300 Bomben ins östliche Seitenschiff und zerstörte es fast vollständig. Die Druckwelle schleuderte die katholische Orgel ebenso wie den Lettner durchs Gebäude und richtete damit weitere Schäden an. Steine fielen auf die evangelische Orgel. Fenster gingen zu Bruch. Der gesamte Chor lag anschließend ebenso in Trümmern wie die Moral. Auch wenn viele dem Ende des NS-Regimes durchaus mit gemischten Gefühlen entgegensahen – an den versprochenen Endsieg glaube ernsthaft wohl niemand mehr.

Alle Fotos: Stadtarchiv Wetzlar

Rund um den Bahnhof waren die Schäden so groß, dass teilweise keine Züge mehr passieren konnten.

88 WETZLAR IM WANDEL DER ZEIT

1945 | Kriegsende und amerikanische Besatzung

Die Yankees kommen

Nennenswerten Widerstand hat es zum Ende des Krieges in Wetzlar nicht mehr gegeben. Wer zu früh seiner Freude Ausdruck verlieh, lief indessen Gefahr, noch ein Opfer der Nationalsozialisten zu werden. Und auch der Neuanfang war schwierig, denn die Versorgung der Bevölkerung, der ehemaligen Kriegsgefangenen und Obdachloser aus Nachbarstädten war ein Riesen-Problem

In den Morgenstunden des 29. März 1945 war es vorbei. US-amerikanische GIs des 393. Infanterie-Regiments rückten über die Ringstraße in die eingeschlossene Stadt ein, ohne noch auf Widerstand zu treffen. Der Zweite Weltkrieg und der NS-Terror hatten in Wetzlar ein Ende – fünf Wochen vor der offiziellen Kapitulation. Einziges Todesopfer war eine Frau, die auf dem Weg zum Bunker wohl zu schnell gelaufen war und erschossen wurde. Die wenigen Volkssturmmänner, die das NS-Regime in der Stadt zurückgelassen hatte, hatten eiligst ihre Granaten fallenlassen und sich in den Wäldern der Umgebung versteckt. Die übrigen hoben freiwillig die Hände und ließen sich gefangen nehmen. Frauen und Männer hatten ihre Parteiabzeichen abgenommen und zusammen mit den Ausweisen der NS-Organisationen versteckt oder vergraben. Nur Stunden vor dem Einmarsch hatten nach einem Augenzeugenbericht Mitglieder der NSDAP-Kreisleitung im Garten des sogenannten Braunen Hauses in der Hausergasse alle Mitgliedslisten und relevanten Akten verbrannt. Einige Jugendliche hatten auf dem Leitz-Bunker ein weißes Tuch gehisst. Wetzlar war bereit für den Frieden.

Die Auflösung des NS-Regimes in der Stadt hatte sich binnen weniger Tage vollzogen. Nachdem am 11. März das 393. Infanterie-Regiment auf der Brücke bei Remagen den Rhein überquert hatte, bevor sie zusammenstürzte, war der Krieg auch aus Sicht der letzten Parteigänger Adolf Hitlers in der Region verloren. Dennoch sollte der Vormarsch der Alliierten solange wie möglich aufgehalten werden. Die Mär von einer Wunderwaffe und die stille Hoffnung auf Verhandlungen steckten dahinter. So begannen auch rund um die Stadt Arbeiten an drei Verteidigungslinien. Gauleiter Jakob Sprenger in Frankfurt verlangte, die Stadt „bis zur letzten Patrone" zu verteidigen. Bis zum 26. März verbreitete der Wetzlarer Anzeiger Durchhalte-Parolen und Drohungen.

Ein Zerbrechen ihres Gewaltmonopols versuchten die Funktionäre des Systems bis zum Schluss mit äußerster Härte zu unterbinden. So ließ der linientreue Partei-Kreisleiter Wilhelm Haus noch am Abend des 28. März den 65 Jahre alten Beamten Ernst Sauer an einem Baum am Eingang zum Friedhof an der Bergstraße aufhängen, weil der ein Schild zur Begrüßung der Amerikaner an sein Haus gehängt hatte. An ihre Parolen hielten

Vor allem die Kriegsgefangenen empfanden das Kriegsende als Befreiung. Wer das NS-Regime überlebt hatte, konnte jetzt auf eine Rückkehr in seine Heimat hoffen.

Am Morgen des 29. März 1945 marschierten US-Infanteristen über den Karl-Kellner-Ring in der Stadt ein.

Alle Fotos: Stadtarchiv Wetzlar

WETZLAR IM WANDEL DER ZEIT 89

Dr. Friedrich Buch wurde im Herbst 1945 von den Besatzungsbehörden als Bürgermeister von Wetzlar eingesetzt.

sich Sprenger und Haus selbst nicht. Während Sprenger sich vor anrückenden Amerikanern mit seiner Frau nach Tirol absetzte und dort am Tag der Kapitulation das Leben nahm, schlich sich Haus nur Stunden nach der Exekution aus der bereits halb eingeschlossenen Stadt in Richtung Niedersachsen davon. Von einem Schwurgericht wurde er später in zweiter Instanz zu sechs Jahren Zuchthaus und drei Jahren Ehrverlust verurteilt. In der Verhandlung hatte er sich als Idealist und Opfer der NS-Staatsführung bezeichnet.

Auch wenn die Einnahme Wetzlars für die US-Truppen nur ein unwesentlicher Etappensieg war, fiel ihnen doch mit Beginn der Stunde Null die Verantwortung für die Stadt und ihre Bewohner zu. Als Befreier empfangen wurden sie in den Lagern der Zwangsarbeiter und Kriegsgefangenen, die nun auf eine Rückkehr in ihre Heimat hoffen konnten. Die Zivilbevölkerung stand den Besatzern hingegen mit gemischten Gefühlen gegenüber. Erleichterung und Scham vermischten sich und mancher fürchtete Konsequenzen für sein früheres Handeln.

Mit robustem neutralen Auftreten bemühten sich die sechs zuständigen US-Militärbeamten um Leutnant Mervin S. Clark und Sergeant Gottfried Neuburger einerseits um eine Festigung ihrer Befehlsgewalt, andererseits aber auch um das Vertrauen und die Versorgung der Zivilbevölkerung. Ihre Büros bezogen sie demonstrativ in der alten Buderus-Villa, die jetzt nicht mehr Braunes sondern Weißes Haus genannt wurde. In den ersten Wochen galt eine rigorose Ausgangssperre zwischen 17 Uhr abends und 8 Uhr morgens. Waffen, Kameras und Taschenlampen waren abzuliefern. Aus Angst vor Rache- und Sabotageakten von Nazi-Banden zerstörten US-Soldaten selbst historische Waffen im Stadtmuseum.

Die Stadtverwaltung unter Bürgermeister Dr. Julius Schnorr blieb vorerst im Amt bis der Beigeordnete Karl Horn und später Dr. Friedrich Buch als Nachfolger eingesetzt wurden. Lokale Vertreter der demokratischen Vorkriegsparteien DDP, Staatspartei, Zentrum, SPD und KPD bildeten am 22. Mai zusammen mit Bürgermeister Horn und Landrat Konrad Miß einen Aufbau-Ausschuss. Verpflichtende Arbeitseinsätze ehemaliger NSDAP-Mitglieder und Freiwilliger sorgten dafür, dass schon im Herbst die meisten großen Straßen von Trümmern geräumt waren. Die Schulen öffneten wieder. Schutzpolizisten in umgefärbten Wehrmachtsuniformen und mit weißen Armbinden sollten für Ordnung sorgen. Das schon zu Beginn des Zweiten Weltkriegs wieder eingeführte System der Warenbewirtschaftung behielt die Militärregierung bei. Trotzdem waren die Nachkriegsjahre durch großen Mangel geprägt. Viele Verkehrswege waren unpassierbar und Warenströme unterbrochen. Landwirte und Hersteller verkauften ihre Produkte lieber unter der Hand auf dem Schwarzmarkt als zu festgesetzten Preisen. Dazu kam die große Zahl Ausgebombter aus den Nachbarstädten, die zusätzlich versorgt werden mussten. Im Sommer 1945 fehlten in der Stadt Grundnahrungsmittel wie Zucker, Salz, Essig sowie Streichhölzer und Seife. Und die Lage wurde noch prekärer. In kalten Wintern fehlten Kleidung, Schuhe und Brennmaterial. Und die Nahrungsmittelversorgung pro Person sank bis 1948 auf durchschnittlich unter 1000 Kalorien am Tag.

Bei der ersten Wahl zur Stadtverordnetenversammlung zeigten die Wetzlarer, dass sich an ihrer sozialdemokratisch-liberalen Grundhaltung im Grunde nichts geändert hatte. Die Mehrheit der Stimmen von 33,8 Prozent entfiel auf die SPD, 31,8 Prozent auf die liberale LDP, 19,8 Prozent auf die junge CDU und 9,2 Prozent auf die KPD.

Alle Fotos: Stadtarchiv Wetzlar

Nach Kriegsende mussten als erstes die Trümmer vor allem von Straßen und Schienenwegen – wie hier in Niedergirmes – weggeräumt werden.

1946 | Heinemann Optik & Akustik

Schön zu sehen, gut zu hören

Das Optik- und Akustikfachgeschäft Heinemann ist das älteste seiner Art in Wetzlar: 1946 in der Schmiedgasse von Günter Heinemann gegründet, entwickelte es sich zu einem Familienunternehmen mit sieben Filialen in Wetzlar, Braunfels und Weilburg

Wer das Kleingedruckte durch Sehschwäche nicht mehr entziffern kann, hat ein Problem. Und wer Gesprächen akustisch nicht mehr folgen kann, der gerät schnell in die soziale Isolation. Zum Glück haben Wissenschaft und Technik in den vergangenen Jahrzehnten große Fortschritte gemacht, um Betroffene bei Seh- und Hörschwächen zu unterstützen.

Immer persönlich, stets an den individuellen Anforderungen der Kunden ausgerichtet und mit höchster Fachkompetenz helfen die Experten für gutes Sehen und Hören von Heinemann Optik & Akustik bei der Auswahl und Anpassung von Sehhilfen und Hörgeräten.

1946 war der Bedarf an passenden Sehhilfen groß. Trotzdem erforderte die Nachkriegszeit großen Mut. Den bewies Günter Heinemann auch bei der Erweiterung des Geschäfts 1949: Er dehnte sein Sortiment auf Hörgeräte aus und übernahm deren Anpassung. Engagiert führte seine Frau Erna die Geschäfte nach dem frühen Tod ihres Mannes und bezog schon bald größere Geschäftsräume in der Bahnhofstraße. 1968 legte sie dann die Geschicke des Unternehmens in die Hände ihrer damals erst 24 Jahre alten Tochter Margrit Sandner. Sandners Mann Richard übernahm 1970 die Abteilung Hörgeräte-Akustik.

Nach weiteren Umzügen zog der Familienbetrieb 1972 um in die heutigen Geschäftsräume in der Langgasse 23. Natürlich ist dort baulich nichts mehr wie damals. Immer wieder wurde für Brillenoptik, Kontaktlinsen und Hörakustik umgebaut, modernisiert und vergrößert. Weil der Bedarf an Experten für gutes Sehen und Hören wuchs, konnte Familie Sandner 1987 eine zweite Filiale in der Passage in Braunfels eröffnen. 1995 folgte ein weiteres Geschäft in der Weilburger Langgasse. Perfekt ergänzt wird das Angebot dort inzwischen durch die Kosmetikabteilung „bel étage".

2003 übernahm schließlich die dritte Generation Verantwortung: Margrit Sandner übergab das Geschäft an ihren Sohn Ralf, an Ortwin Kraft und ihren Bruder Horst-Ingo Heinemann. Das erklärte Ziel der Drei: modern zu bleiben, menschlich zu handeln und nachhaltig zu wirken. Sie möchten Verantwortung übernehmen – für die Kunden durch kompetente Beratung, hohe Qualität und Präzision in der Arbeit, für die Mitarbeiter durch einen fairen Umgang sowie das Sichern ihrer Arbeitsplätze und schließlich für die Region durch ihr Engagement im sozialen und kulturellen Bereich. So ist Heinemann Optik & Akustik unter anderem Partner der HSG Wetzlar.

Und weil man stets am Puls der Zeit ist, trug man noch einem Trend Rechnung: Während Hörgeräte möglichst dezent platziert werden, sind Brillen längst ein beliebtes Mode-Accessoire. „sun eyeland" – Wetzlars größtes Sonnenbrillenstudio in der Langgasse – setzt der Auswahl der Traumgläser fast keine Grenzen.

Seit 1972 ist das Hauptgeschäft in zentraler Lage in der Langgasse 23 ansässig.

Ab 1946 verkaufte Günther Heinemann Sehhilfen in der Schmiedgasse in Wetzlar.

Bis in die Gegenwart hat sich die Gestaltung der Geschäftsräume in der Langgasse immer wieder verändert.

WETZLAR IM WANDEL DER ZEIT

1731
1772
1796
1808
1815
1841
1849
1862
1869
1883
1887
1903
1914
1922
1932
1938
1944
1945
1950
1956
1967
1977
1979
1989
2001
2005
2018

1950 | Vertriebene und Gastarbeiter

Viele neue Nachbarn

Mit dem Kriegsende wurde Wetzlar zum Verschiebebahnhof für Tausende Entwurzelte ganz unterschiedlicher Herkunft. Viele kamen auch als neue Mitbürger und ließen die Stadt rasch wachsen. Trotzdem reichten die Arbeitskräfte in der Phase der Hochkonjunktur nicht aus

Während Deutschland neu geordnet, Wetzlar ein Teil des neu gegründeten Bundeslandes Hessen wurde und sich die wirtschaftliche Lage nach der Währungsreform von 1948 langsam besserte, geriet die Bevölkerungsstruktur mit dem Tag des Kriegsendes in erhebliche Durchmischung. Zunächst waren da natürlich die Tausenden Zwangsarbeiter, Kriegsgefangenen und Ostarbeiter, die nach ihrer Befreiung nicht gleich nach Hause konnten. In den Kasernen an der Silhöfer Au und an der Spilburg richteten die Amerikaner Sammellager für diese Displaced Persons (DP) ein, deren weiteres Schicksal häufig ungewiss war. Noch im Herbst 1945 sollen dort rund 12 000 Menschen auf ihre Rückführung durch die Vereinten Nationen gewartet haben. Manche taten sich schwer mit ihrer neuen Freiheit und dem zermürbenden Warten. Einige nahmen sich Fahrräder oder Fuhrwerke von Wetzlarer Bürgern, um so bis nach Frankreich oder Polen zu gelangen.

Verschärft wurde die Versorgungskrise noch durch die Ankunft Tausender Heimatvertriebener aus den verlorenen Ostgebieten des Reiches. Viele hatten sich in langen Trecks schon vor Kriegsende auf den Weg nach Westen gemacht. Mitte der 1940er-Jahre begann dann die systematische Vertreibung und Umsiedlung. Am Samstag, den 9. Februar 1946, kam der erste Sonderzug auf dem Wetzlarer Güterbahnhof an. Gleich auf der Rampe wurden die 893 Vertriebenen aus Tepl im Westen des heutigen Tschechien empfangen, verköstigt und dann in drei Auffanglager verteilt. Von hier aus wurden sie auf frei gemachte Wohnungen in der Stadt und im Kreisgebiet verteilt. Nicht alle Einwohner fanden das richtig. Wiederholt mussten Polizisten die Einquartierungen der Behörden durchsetzen. Bisweilen wurden die Landsleute als Verursacher des Krieges verunglimpft.

Bis Mitte Oktober 1946 hat Wetzlar 19 solcher Transporte mit insgesamt 19 885 Menschen vor allem aus dem Sudetenland und aus Ungarn aufgenommen. Die Bevölkerung der Kreisstadt überstieg damit binnen weniger Jahre die Marke von 30 000 Einwohnern. Die sozialen Schwierigkeiten waren immens. In Folge der Luftangriffe waren ohnehin fast 1500 Wohnungen nicht mehr bewohnbar. Jetzt fehlten Tausende Wohnungen, Arbeits- und Schulplätze, Möbel, Hausrat und Orientierung für die Neubürger. Es kommt fast einem Wunder gleich, wie rasch und reibungslos letztendlich die Integration dieser Landsleute gelang. In Büblinghausen und Niedergirmes

Der Neuanfang war schwierig. Die Vertriebenen gingen aktiv an diese Aufgabe und bauten auch selbst viele neue Häuser und Wohnungen.

Drangvolle Enge: Fast 20 000 Heimatvertriebene kamen 1946 nach Wetzlar. In den Auffanglagern wie hier in Finsterloh mussten sie dicht zusammenrücken.

92 **WETZLAR IM WANDEL DER ZEIT**

wurden erste Mietskasernen errichtet. Der Flächennutzungsplan von 1950 wies alle baufähigen Flächen im Stadtgebiet als Baugebiete aus. Viele Industriebetriebe bauten Wohnungen für ihre Mitarbeiter. 1956 begannen Bauarbeiter mit der Fundierung für die Hochhäuser in der Neuen Wohnstadt, die für fast 5000 Bewohner vorgesehen war. Ein Jahrzehnt später folgte der neue Stadtteil Dalheim.

Die Zeit war geprägt durch eine für viele unerwartet rasche wirtschaftliche Erholung. Das „Wirtschaftswunder" brachte wieder Zuversicht in viele Haushalte, zumal bis 1950 auch die eigenen Väter und Ehemänner endlich aus der Kriegsgefangenschaft nach Hause gekommen waren. Die „Fresswelle" schwappte durchs Land. In den Gaststätten dudelten die Musikautomaten jetzt Rock'n Roll-Musik. Und der US-Gefreite Elvis Presley machte die geölte Haartolle auch bei deutschen Jugendlichen populär. Wer es sich leisten konnte, der rollte mit dem VW Käfer Ende des Jahrzehnts schon über die Alpen nach Rimini an der Adria.

Aus dem Süden kamen dann ab den 1960er-Jahren weitere Zuwanderer in die Stadt. Der Industrie fehlten Arbeitskräfte. So wurden in Italien, Spanien, Portugal, Griechenland und später in der Türkei Gastarbeiter angeworben, die oft gleich ihre ganze Familie mitbrachten. Auch hier gab es durchaus Ressentiments. So protestierten Industriearbeiter in Wetzlar, ihre türkischen Kollegen würden viel zu schnell arbeiten. Viele der Arbeitsmigranten haben sich später als Gastwirte, Friseure oder mit Lebensmittelgeschäften selbständig gemacht und Wetzlars Bevölkerung noch bunter werden lassen.

Tausende Fremdarbeiter und Kriegsgefangene – Hier Ostarbeiterinnen der Firma Leitz 1943 – hatten im Krieg in Wetzlar geschuftet. Ihre Rückkehr musste nach der Kapitulation erst organisiert werden.

Alle Fotos: Stadtarchiv Wetzlar

WETZLAR IM WANDEL DER ZEIT

1956 | Bundeswehrgarnison

Panzer für den Frieden

Auch nach dem Zweiten Weltkrieg blieb Wetzlar Garnisonsstadt: Nachdem die Alliierten abgerückt waren, zog die neue Bundeswehr in die beiden Kasernen ein. Bald wurde Wetzlar zum zweitgrößten Standort der Panzertruppen in der Bundesrepublik – bis der Eiserne Vorhang fiel

Das Ziel der Siegermächte war klar: Nie wieder sollten deutsche Soldaten von Wetzlar oder andernorts im verkleinerten Deutschland in den Krieg ziehen. So besetzten Amerikaner rund ein Jahr nach der Übernahme der Stadt im April 1946 die 1914 gebaute Spilburg-Kaserne mit Platz für 650 Soldaten, die sie jetzt Gaffay Barracks nannten. Neben dem Exerzierplatz legten sie ein Flugfeld für leichte Flugzeuge an. Aus der Kaserne an der Silhöfer Aue wurden die Lloyd Barracks.

Doch das Klima änderte sich rasch. Die Alliierten von einst waren von Anfang an zerstritten über die Zukunft Deutschlands. Die Währungsreform im Westen 1948 ließ die Lage eskalieren. Sowjettruppen riegelten die West-Sektoren Berlins ab. Vor allem US-amerikanische Truppen reagierten mit der Luftbrücke. Dazu aktivierten sie Anfang 1949 auch das in Wetzlar stationierte 27. Transport-Bataillon. Mit Lastwagen brachten die Soldaten Kohle und Lebensmittel für die Hilfslieferungen nach Berlin zu den Flugplätzen in Wiesbaden und Frankfurt. Der Korea-Krieg zeigte wenig später die erheblichen Spannungen zwischen Ost und West, die auch auf Europa überspringen könnten. Um für den dortigen Konflikt ihre Truppen zu verstärken, zogen die USA ihre Soldaten aus Wetzlar ab. Im Frühjahr 1951 rollten im Gegenzug erste französische Transporteinheiten in die Stadt. Während die Franzosen zunächst noch als vorsichtige Besatzer kamen, verließen sie die Stadt 1957 als Verbündete. 1960 begründete Wetzlar dann seine erste Städtepartnerschaft mit dem südfranzösischen Avignon an der Rhone.

Vor allem die USA hatten darauf gedrängt, Deutschland in eine Verteidigungsgemeinschaft gegen die Sowjetunion zu integrieren. US-Präsident Dwight D. Eisenhower hatte dazu Ende 1951 sogar eine generelle Ehrenerklärung für ehemalige Wehrmachtssoldaten abgegeben, die deren Wiedereinstellung erst möglich machte. Denn ohne erfahrenes Personal ließen sich junge Rekruten schließlich nicht ausbilden.

Verteidigen musste man sich aber erstmal können. Laut wagte das anfangs niemand zu sagen. Bundeskanzler Konrad Adenauer ließ seinen Beauftragten Theodor Blank – der sich offiziell um „die mit der Vermehrung der alliierten Truppen zusammenhängenden Fragen" kümmern sollte – im Verborgenen ähnliche Erwägungen entwickeln. Als die Bundesrepublik 1954 über ihren NATO-Beitritt verhandelte, kamen sie öffentlich auf den Tisch. Die SPD war nach dem schrecklichen Aggressionskrieg strikt dagegen. Die Frage der Wiederbewaffnung wurde zum größten Streitthema der jungen Bundesrepublik. Doch die neuen Bündnispartner wollten Deutschland als starken Partner – mit einer völlig neuen Armee auf demokratischer Grundlage.

So entstand am 5. Mai 1955 die Bundeswehr – und Wetzlar wurde wegen der noch vorhandenen großen Kasernenbauten wie selbstverständlich wieder Garnisonsstadt. Die Franzosen waren kaum weg, da marschierten bereits im März 1957 Einheiten der 5. Panzerdivision in die beiden Kasernenkomplexe ein. Die Anlage an der Silhöfer Aue benannte man 1964 nach dem aus Wetzlar stammenden Infanterie-General und Ehrenbürger Friedrich Sixt von Armin (1851 – 1936).

Im März 1957 zogen Einheiten der 5. Panzerdivision in die beiden Wetzlarer Kasernen ein. Die Anlage an der Silhöfer Aue (Foto) benannte man 1964 nach dem aus Wetzlar stammenden Infanterie-General und Ehrenbürger Friedrich Sixt von Armin.

Die Spilburg-Kaserne – hier auf einer Aufnahme von 1950 – wurde bis zum Abzug der Bundeswehr 1994 militärisch genutzt.

1951 marschierte eine französische Militärkapelle über den Karl-Kellner-Ring. Die Franzosen hatten die Amerikaner als Besatzer abgelöst. Sie blieben bis 1957.

Der hatte sich in den Stellungskriegen des Ersten Weltkrieges an der Westfront den Namen „Löwe von Flandern" verdient, konnte den Rückzug der deutschen Truppen letztlich allerdings auch nicht verhindern.

Die Ausbildung der neuen Soldaten war anfangs eine mühsame Sache, denn nach elf Jahren fehlte es auch den Offizieren an Übung und zunächst auch an Material. Mit der Zeit wurde Wetzlar indessen zum zweitgrößten Stützpunkt für Panzertruppen in der Bundesrepublik mit über 6000 Soldaten ausgebaut. Das Dröhnen der schweren Kriegsgeräte war von den Truppenübungsplätzen bis in viele Stadtteile hinein zu hören. Zwar war die Bundeswehr als Wirtschaftsfaktor vor allem bei Handel und Gastronomen gern gesehen, sorgte sie doch für ganz erhebliche Einnahmen. Dennoch blieben Konflikte mit der Bevölkerung nicht aus, zumal als im Zuge der Friedensbewegung die Rolle des Militärs grundsätzlich diskutiert wurde.

Die Wende in Osteuropa brachte dann auch das Ende der militärischen Nutzung in Wetzlar. 1994 wurde die Bundeswehrgarnison im Zuge der Verkleinerung der jetzt gesamtdeutschen Armee mit einem letzten Großen Zapfenstreich aufgelöst. Auf das Gelände in der Silhöfer Aue zogen Gewerbebetriebe und es entstanden neue Wohnungen. Viele der alten Gebäude wurden dazu abgerissen. In der denkmalgeschützten Spilburg-Kaserne mit ihren Jugendstil-Gebäuden blieb lediglich das Kreiswehrersatzamt zurück. 2012 wurde es nach Abschaffung der Wehrpflicht ebenfalls aufgelöst. In einigen Gebäuden fand die Technische Hochschule Mittelhessen derweil ein neues Zuhause für ihr duales Studien-Angebot StudiumPlus.

Die Jugendstilbauten der Spilburg Kaserne stehen unter Denkmalschutz. Sie wurden in den 1990er-Jahren zum Campus Wetzlar der Hochschule Mittelhessen umgestaltet.

WETZLAR IM WANDEL DER ZEIT

1967 | Helmut Hund GmbH

Ideen, die Geschichte schreiben

Ideen sind sein Kapital: Helmut Hund hat in Nauborn mit guten Einfällen und strategischem Geschick ein modernes Technologieunternehmen aufgebaut. Elektronik, Optik, Glasfasertechnik und Feinmechanik werden dort seit mehr als 50 Jahren zu wegweisenden Innovationen verschmolzen gemäß ihrem Slogan „Wir führen Technologien zusammen" – für Industriekunden und in eigenen Produktlinien. Seit Jahrzehnten stecken Ideen der Firmen-Gruppe in Produkten weltweit

Auf den ersten Blick sieht es aus wie ein Nistkasten aus Sperrholz. Doch statt eines Einflugloches steckt mittendrin eine Steckdose. Auf der Rückseite baumelt ein dickes Stromkabel mit Lüsterklemmen. „Mit diesem Gerät begann alles", sagt Helmut Hund, der mit seiner Unternehmensgruppe Hochtechnologie für Firmen-Schwergewichte wie Hewlett Packard, Motorola, Siemens oder Carl Zeiss liefert.

Heute bringt die Helmut Hund GmbH technische Komponenten aus den Bereichen Optik, Glasfaseroptik, Feinwerk- und Kunststofftechnik zu Baugruppen und Geräten nach den spezifischen Anforderungen von rund 150 zumeist langjährigen Industriekunden zusammen. Im Schwerpunkt werden Baugruppen für Systemlösungen für die Bereiche Medizintechnik, Messtechnik/Sensorik, Automation und Umweltmesstechnik gefertigt. Das kann ein Stereo-Kamerasystem mit integrierter Beleuchtung für Lötpastendrucker ebenso sein wie ein Sensor zum Aufspüren von Verunreinigungen in Probenpipetten. Außerdem entwickelt und fertigt das Unternehmen Mikroskope und Geräte der Medizin- und Umweltmesstechnik und vermarktet sie unter eigenem Namen. Vor allem in der Messtechnik und Sensorik sind Innovationen von Hund stark vertreten. „Wir führen Technologien zusammen" lautet folgerichtig die Philosophie des Unternehmens, welches sich als kreativer Ideengeber und Partner für individuelle Kundenlösung sieht.

Dabei übernimmt das Unternehmen je nach Kundenbedarf die Entwicklung vom Konzept über die Konstruktion bis zur Herstellung von Prototypen oder auch die komplette Serienfertigung, Qualitätskontrolle und die Distribution sowie Wartung und Kundendienst. Diese Leistung gelingt in multidisziplinären Technik-Teams und mit Hilfe moderner CAD-Technik. In der Fertigung erlauben Bestückungsautomaten, Lötmaschinen, Kunststoffspritzmaschinen und Bearbeitungszentren für optische und mechanische Komponenten eine zeitnahe und kosteneffiziente Produktion.

Schon 1967, als der eben 17-Jährige Helmut Hund neben der Elektroniker-Lehre bei Philipps die Abendschule absolvierte, hatte er eigene Entwicklungen im Sinn. In der wenigen Freizeit reparierte er Fernseher und Radios für Freunde und Bekannte und galt als geschickter Tüftler. Auch Dieter Netz, der sein Geld mit dem Verkauf leistungsstarker Werkzeugmaschinen verdiente, hörte davon. Die neuartigen Kippsicherungen machten Netz zunehmend Probleme. Was für

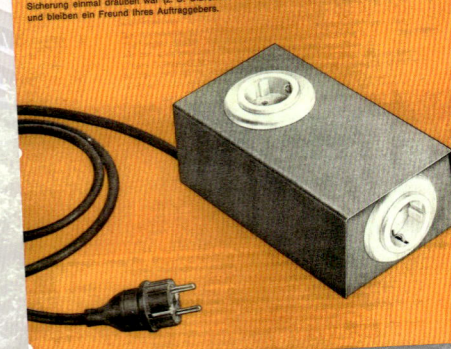

Mit dem Anlaufstrombegrenzer für starke Baumaschinen hat 1967 alles angefangen.

Seit 1992 ist die Firmengruppe mit 110 Beschäftigten im Gewerbegebiet HUND in Wetzlar-Nauborn ansässig.

Privatleute praktisch war, brachte Netz' Handwerker-Kunden Verdruss. Denn die schwachen Sicherungen flogen regelmäßig raus, wenn sie ihre Bohrmaschine ansetzten. Und man konnte sie nicht durch eine Drehsicherung mit dickem Kupferdraht ersetzen.

Was also tun? Helmut Hund lieh sich einen Speicheroszillographen von seinem Lehrbetrieb. Damit untersuchte er nach Feierabend das Verhalten eines Elektromotors anhand von Mutters Mixer. Im Ergebnis stand der Holzkasten, in dem eine Schaltung mit Stromstoßrelais und dicken Vorwiderständen den Anlaufstrom der Maschine einschränkte. Tischler, Elektriker und Installateure rissen Hund und Netz die Kästen zu Tausenden aus den Händen. „Unsere Werbung war reine Mundpropaganda", freut sich der Konstrukteur noch heute. Ein gutes Geschäft bei einem Materialwert von rund 20 und einem Verkaufspreis von 99 D-Mark. Hätten Hund und Netz nicht nach fünf Jahren vergessen, die Patentgebühr zu zahlen, hätten Bosch und Co noch viele Jahre für die Lizenzgebühren bezahlt. Schließlich steckt die Idee heute in jeder Baumaschine.

Wirklich schlimm war das nicht. Denn genau in diesem Jahr 1972 lief der Elektronik-Student Hund, der sich von seinem Partner und Freund Dieter Netz getrennt und mit Jürgen Herzog die Helmut Hund KG gegründet hatte, auf dem Nachhauseweg an einer Tankstelle Ernst Krull über den Weg. Der Geschäftsführer der Firma Minox in Heuchelheim besaß als erfahrener Entwickler selbst viele Patente in der Foto- und Projektionstechnik. Ausgerechnet dieser Experte

Moderne Elektronikfertigung heute – SMD Bestückungslinie.

wollte Hunds Rat: „Er zog einen Holzklotz aus der Brusttausche seines Hemdes – den Dummy einer sehr kompakten Kleinbild-Kamera mit einer intelligenten Kippmechanik für das Objektiv", sagt Hund. Was fehlte war die Elektronik für den automatischen Verschluss und die Belichtungssteuerung. Hund bekam den Zuschlag und landete zusammen mit den Konstrukteuren um Ernst Krull den nächsten Verkaufsschlager. Die extrem handliche Minox 35 EL ging ab 1974 2,5 Millionen Mal über die Ladentheke.

Hunds Firma bescherte der Erfolg rasantes Wachstum. Für bis zu 1200 Kameras setzten seine Mitarbeiter täglich die Steuerungselektronik zusammen. Dazu kamen Faserlichtquellen für Olympus sowie Steuer- und Regelungstechnik für Produktionsmaschinen. 1978 gründete Hund die Firma Verolum Glasfasertechnik in Schöffengrund-Schwalbach, an der sich das Unternehmen Leitz mit 25 Prozent beteiligte.

1979 folgte die Firma Geotherm Heizungstechnik GmbH in Wetzlar. Hier war Hund seiner Zeit Jahrzehnte voraus. Während Deutschland in der Zeit der Ölkrise unter Fahrverboten und hohen Strompreisen ächzte, suchte der Ingenieur nach Auswegen für sein Unternehmen. Die Ölheizung schien ein Auslaufmodell. Stattdessen setzte Hund auf Geothermie – Energie aus dem warmen Erdboden in 50-100m Tiefe. „Zu Wärmetauschern und Wärmepumpen gab es allerdings kaum Unterlagen", erinnert der Firmenchef. Und ein Professor der Universität Gießen erklärte seine Idee für verrückt.

Das reizte Hund umso mehr. Das Bundesforschungsministerium hingegen gab 3,5 Millionen D-Mark Fördergelder für Hund und den Geologie-Professor. Der Unternehmer gründete 1989 mit der UEG GmbH die passende Forschungseinrichtung dazu – das Institut für Umwelt, Energie und Geotechnik in Wetzlar. Das Projekt war ein Erfolg, aber in diesem Fall der Zeit zu weit voraus. 2002 verkaufte Hund beide Unternehmen an

1796
1808
1815
1841
1849
1862
1869
1883
1887
1903
1914
1922
1932
1938
1944
1945
1950
1956
1967
1977
1979
1989
2001
2005
2018

das damalige Management. Erst vier Jahrzehnte später gilt die Geothermie angesichts des fortschreitenden Klimawandels als etabliertes, ressourcenschonendes und entsprechend begehrtes Verfahren. Der Schutz natürlicher Ressourcen und der Umwelt vor unnötigen Belastungen ist im Unternehmen dennoch tief verankert. Die Registrierung nach der Öko-Audit-Verordnung und der ASU Umweltpreis für umweltgerechte Unternehmensführung belegen das.

Der Erfolg der Hund-Firmen blieb nicht verborgen. 1984 stockte Leitz sein Engagement an Verolum auf 25 Prozent an allen Hund-Unternehmungen auf. Und der Inhaber ruhte sich nicht aus auf diesen Lorbeeren. Mit dem frischen Kapital übernahm er die Firma Herzog und ihre 85 Mitarbeiter. Damit kam ein Spezialist für asphärische Linsen – mit der Blankpresstechnik aus heißem Glas gepresst – in die Unternehmensgruppe. Vor allem für Dia-, Film- und Overhead-Projektoren wurden die Gläser gebraucht. 1986 erschlossen Bosch und Hella mit Ellipsoid-Scheinwerfern für Automobile dann ein völlig neues Geschäftsfeld mit riesigem Absatzpotenzial. Jährlich mehrere Millionen Linsen wurden in Spitzenzeiten für die neuartigen Scheinwerfer produziert.

Nach der Wende 1989 wurde allerdings die Konkurrenz aus den neuen Bundesländern zu groß. Konsequent verkaufte Helmut Hund die Optiksparte 1992 an seinen größten Konkurrenten. Hund hingegen nutzte das erlöste Geld strategisch zum Rückkauf der Leitz-Anteile und war anschließend wieder alleiniger Inhaber der Mittelstands-Gruppe.

Noch eine andere entscheidende Neuordnung gab es im Bereich der optischen Industrie in Wetzlar: Bis 1988 wurde die einst von Wilhelm Will gegründete und auf Kamera- und Projektionsoptik sowie Mikroskope spezialisierte Firma Will Wetzlar GmbH in zwei Schritten komplett von der Muttergesellschaft Wild-Leitz übernommen und anschließend an Helmut Hund verkauft. Rund 180 der 480 Mitarbeiter wechselten parallel zur ausgegründeten Firma Leica Camera nach Burgsolms.

Die Mitarbeiterzahl der Firma Hund hatte nun die 500er-Grenze überschritten. Damit waren die Blankpresstechnologie und Projektionsoptik, die Mikroskopie und Kunststofftechnik mit den angestammten Elektronikfeldern von Hund verschmolzen.

Das Unternehmen hatte vier Standorte, die ehemalige Firma Herzog in der Industriestraße in Nauborn, den ursprünglichen Firmensitz an der Nauborner Straße in Wetzlar, der ab diesem Zeitpunkt nur noch als Verwaltung genutzt wurde, das ehemalige Will-Gebäude am südlichen Ortsausgang von Nauborn und die Glasfaserproduktion in Schöffengrund-Schwalbach. 1992 zogen alle Unternehmensteile auf dem ehemaligen Will-Gelände zusammen.

Seit 2002 konzentriert sich das Unternehmen mit derzeit 110 Beschäftigten und einem Jahresumsatz von rund 15 Millionen Euro auf Produkte der Hochtechnologie in den Feldern Elektronik, Optik, Glasfaser und Feinmechanik. Dabei hat Hund trotz aller Expansion immer darauf geachtet, als Vorsitzender des Aufsichtsrates weiter

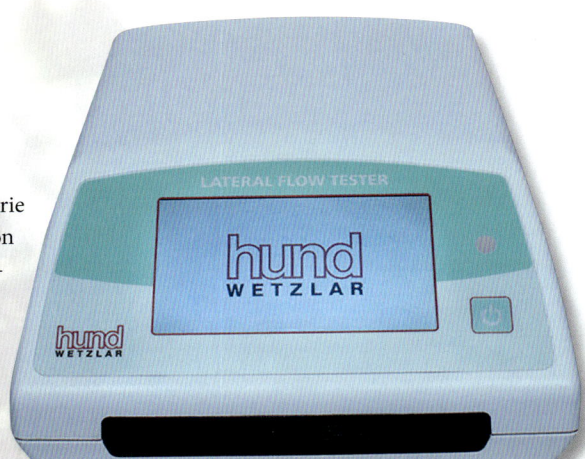

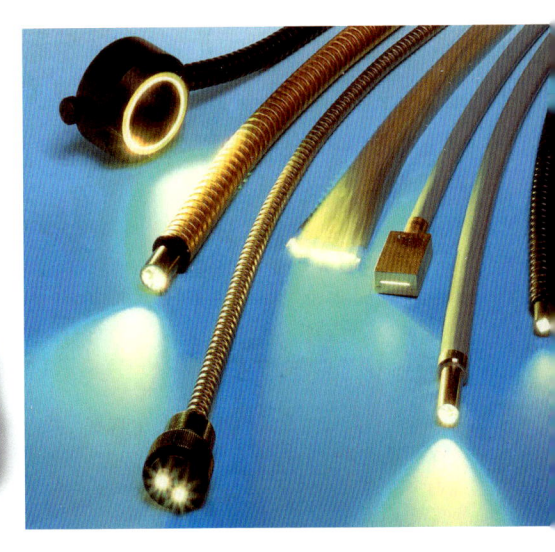

Für innovative Produkte führen die Experten von Hund Elektronik, Glasfaseroptik, Optik, Mikroskopie und Umweltmesstechnik zu Komponenten und Instrumenten zusammen.

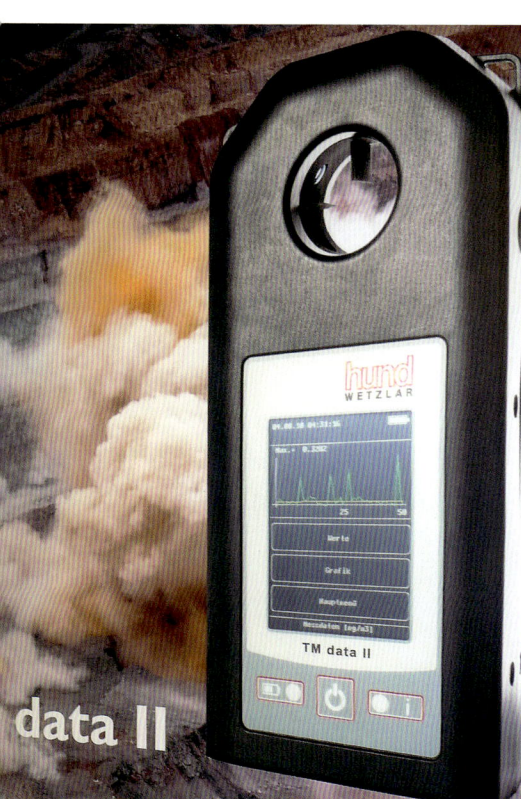

einen Familienbetrieb zu führen. Seine Ehefrau, die 1976 als Schüler-Aushilfe noch vor dem Abitur ins Unternehmen kam, hat bis kurz vor ihrem Tod im Jahr 2015 als kaufmännische Geschäftsführerin die Fäden zusammengehalten. 2014 ist die gemeinsame Tochter Verena Schön ihr nach dem Betriebswirtschafts-Studium auf diesem Posten gefolgt. Als Geschäftsführer für die technischen Bereiche und den Vertrieb komplettiert der Physiker Dr. Stefan Schäfer seit 2015 die Firmenspitze.

Ingenieurgeist und Kreativität made in Germany in einem wirtschaftlich extrem soliden Familienbetrieb bestimmen seit über einem halben Jahrhundert die Geschäftspolitik der Firmengruppe. Das 50. Firmenjubiläum war 2017 deshalb Anlass zu einer festlichen Rückschau auf Meilensteine wie den erwähnten Anlaufstrombegrenzer von 1967, über das Messgerät für Feinstaub in den 1990ern, Kerosinsensoren für Abgasprüfstände bis zum vollautomatischen Blutanalyse-Gerät LFT im Jahr 2016.

Auch Helmut Hund, der selbst einst ein Gastsemester Medizin in Marburg studierte und später unter anderem den Beirat des Technologie-Zentrums Karlsruhe leitete und das Land Hessen als Beauftragter für Nano-Technologie beriet, lässt der Erfindergeist nicht los. Ein Gerät zur Mikroskopie der Hornhaut an lebenden Menschen und Tieren hat er entwickelt und einen Analyseapparat, der anhand der Zahl von Chromosomen im Erbgut 22 Krebsarten vorzeitig erkennen kann.

Die strategische Stärke liegt neben der Innovationskraft in der Vielfalt der Technologien und der heterogenen Kundenstruktur, die das Unternehmen weniger anfällig für konjunkturelle Schwankungen in einzelnen Branchen macht. Kreative und gut ausgebildete Mitarbeiter mit hohem Fachwissen bilden hierbei das Kapital des Unternehmens. Auch arbeitet das Unternehmen sehr eng mit Forschungseinrichtungen und Entwicklungsabteilungen in aller Welt zusammen, um immer auf dem neuesten Stand der technologischen Entwicklung zu sein.

Ein anderes hochinnovatives Projekt erlebte 2018 seine Premiere: Im Laufe des Jahren wurden erstmals flächendeckend im Freistaat Bayern landesweit das erste automatische Messnetz für den Pollenflug installiert. Der Regiebetrieb beginnt in 2019. Zum Einsatz kommen dabei Pollenmonitore aus dem Hause Hund, die 40 relevante Allergene wie Hasel, Erle, Birke oder Traubenkraut zuverlässig detektieren.

Dieser in der Welt einzigartige Pollenmonitor ist das Resultat einer langjährigen Entwicklungs- und Erprobungsphase, die wiederum auch mit einem Forschungsprojekt begann.

Stefan Schäfer und Verena Schön unterstützen Helmut Hund heute in der Geschäftsführung der Firmengruppe.

WETZLAR IM WANDEL DER ZEIT

1977 | Gebietsreform

„Wenn ich Lahn seh, krieg ich Zahnweh"

So gehen die Meinungen auseinander. Die einen hielten die neue Großstadt an der Lahn für ein „Jahrhundertwerk", andere spotteten über „Lotte in Lahn". Und die Bundesbahn machte die Fusion gar nicht erst mit. Letztlich ging Wetzlar gestärkt aus dem gescheiterten Experiment hervor

Heinz Süß war stocksauer. Es war darum ein bedrückendes, trotziges Schauspiel, das der tonangebende Kopf der Aktionsgemeinschaft selbständiges Wetzlar inszenierte: Am letzten Tag des Jahres 1976 ließ er einen Trauerzug durch die Stadt hinunter zum Lahn-Ufer schreiten. Dort wurde ein leerer Sarg feierlich dem Fluss übergeben. Wetzlar war gestorben und gewissermaßen in der Lahn gestrandet. Am nächsten Morgen wurde eine neue Kunststadt mit eben diesem Namen aus der Taufe gehoben.

Lahn – so hatten verkopfte Bürokraten die neue Großstadt genannt, die künftig die ehemalige Reichsstadt Wetzlar, die Stadt Gießen und die dazwischen und darum liegenden Gemeinden Heuchelheim, Atzbach, Dutenhofen, Garbenheim, Hermannstein, Krofdorf-Gleiberg, Launsbach, Lützellinden, Münchholzhausen, Nauborn, Naunheim, Steindorf, Waldgirmes und Wißmar umfassen sollte. Von einem „Jahrhundertprojekt" schwärmte der frühere Gießener Oberbürgermeister und damalige hessische Ministerpräsident Albert Osswald (SPD).

Schon seit Jahren hatte sich die vom gelernten Kaufmann Osswald geführte sozial-liberale Landesregierung um eine umfassende Flurbereinigung in der zersplitterten Gemeindelandschaft Hessens bemüht. Auch in anderen Bundesländern wurde ähnliches versucht. Historisch gewachsen bestand Hessen zu Osswalds Amtsantritt 1969 noch aus 2642 Gemeinden, 39 Landkreisen und neun kreisfreien Städten. Zusammen mit Innenminister Hanns-Heinz Bielefeld (FDP) und in einer Mischung aus finanziellen Anreizen und offenen Drohungen machte Osswald Tabula rasa. Nach der letzten Stufe der Gebietsreform blieben im Land Anfang 1977 noch sechs kreisfreie Städte und 416 Gemeinden in 20 Landkreisen übrig. Damit – so hoffte man – lasse sich die ökonomische und stadtplanerische Entwicklung effizienter gestalten.

Die als feindliche Übernahme empfundene Städtefusion ließen Wetzlars Bürger allerdings nicht klaglos über sich ergehen. Die Aktionsgemeinschaft organisierte viele originelle Protestaktionen. Viele Autos fuhren mit Aufklebern durch die Stadt, darauf der Spruch „Wenn ich Lahn seh, krieg ich Zahnweh". Bei den Kommunalwahlen im März 1977 verpassten die Bürger den Sozialdemokraten an der Wahlurne dann eine vernichtende Niederlage. Mitten im bislang stets „roten" Hessen konnte die fusionskritische CDU ihren Stimmanteil in einem Schlag um 30,2 Prozent auf die absolute Mehrheit von 50,7 Prozent verbessern. Der Jurist und Christdemokrat Wilhelm Runtsch wurde erster Oberbürgermeister der neuen Kunststadt.

Eine Stadt ohne Zukunft. Nach nicht einmal zwei Jahren ist die Kunst-Stadt Lahn schon wieder Geschichte. Zufriedene Bürger sägen das Eingangsschild ab.

Der Sozialdemokrat Walter Froneberg wurde der erste Oberbürgermeister der neuen alten Stadt Wetzlar – und blieb es bis 1997.

Plötzlich wandelte sich das Blatt. Jetzt wollten alle das Fehlkonstrukt so schnell wie möglich ungeschehen machen. Gegen Lahn gab es viel zu sagen. Der Name verleugnete alle historischen Bezüge. Selbst Bundeskanzler Helmut Schmidt ließ mit Bezug zu Goethes Aufenthalt in Wetzlar verlauten, unter einer „Lotte aus Lahn" könne er sich nichts vorstellen. Dennoch hatte man den Doppelnamen Wetzlar-Gießen verworfen. Vor allem aber war die neue Verwaltungseinheit längst noch nicht zu einem einheitlichen Wirtschafts- und Sozialraum zusammengewachsen. Noch immer gab es zwei klar erkennbare Stadtkerne mit administrativer Ausrichtung in Gießen und industriell-touristischem Schwerpunkt in Wetzlar. Dazwischen lagen 15 Kilometer dünn besiedeltes Land. Wetzlars Einwohner sahen sich als Anhängsel zweiter Klasse. So hatte die neue Stadt die Gießener Postleitzahl 6300 angenommen, die bei Briefen ins alte Wetzlar um den Zusatz „Lahn 2" ergänzt wurden.

Nachdem Ministerpräsident Osswald auch über den Helaba-Skandal gestürzt war, schaffte die sozial-liberale Koalition bei den Landtagswahlen im Herbst 1978 zwar wieder eine knappe Mehrheit. Mit der erheblich gestärkten CDU als Opposition im Rücken legte man sich indessen schon in den Koalitionsverhandlungen darauf fest, den an der Lahn entstandenen Flurschaden möglichst umgehend zu beseitigen. Nach nur 31 Monaten wurde die Stadt Lahn zum 1. August 1979 wieder aufgelöst. Das wieder kreisfreie Wetzlar wuchs im Vergleich zum Stand vor 1977 um acht Gemeinden und überschritt damit erstmals die Grenze von 50 000 Einwohnern. In der Stadt freute man sich mit Glockenläuten, Feuerwerk und einem Umzug über die wiedererlangte Unabhängigkeit, einen Sonderstatus und Landeszuweisungen von jährlich 3,7 Millionen D-Mark. Das hielt sie indessen nicht davon ab, bei den vorgezogenen Kommunalwahlen doch wieder mehrheitlich die Sozialdemokraten und deren Spitzenkandidaten Walter Froneberg zu wählen.

So wurde der gelernte Journalist und vormalige Baudezernent der erste Oberbürgermeister der neuen alten Stadt Wetzlar. Mit zwei Wiederwahlen hatte er das Amt bis kurz nach seinem 65. Geburtstag 1997 insgesamt 18 Jahre lang inne. Am Bahnhof blieb während der turbulenten 1970er-Jahre derweil alles beim Alten. Die Bundesbahn hatte ihre Schilder und Ansagen weder in Wetzlar noch in Gießen überhaupt geändert. Der Versuch, mit dem Zug nach Lahn zu fahren, war deshalb wie im Schlager immer eine Reise nach Nirgendwo.

Protest bis zuletzt: Am Silvestertag 1976 trugen Wetzlarer Bürger symbolisch ihre alte Stadt zu Grabe.

Unten: Seit 1979 wird die Stadt wieder aus dem Neuen Rathaus am Karl-Kellner-Ring regiert.

WETZLAR IM WANDEL DER ZEIT

2001 | StudiumPlus

Wetzlar wird Hochschulstadt

Nach der kurzen Episode um die Rechtsschule im 19. Jahrhundert ist Wetzlar nie zum Standort für höhere Bildung avanciert. Nach dem Abzug der Bundeswehr hat sich das geändert. In die ehemalige Spilburg-Kaserne ist die Technische Hochschule Mittelhessen eingezogen

Der Mangel an Fachkräften macht der deutschen Wirtschaft bereits im zweiten Jahrzehnt des 21. Jahrhunderts merklich zu schaffen. Immer früher bemühen sich Unternehmen, Jugendliche für sich zu interessieren. Wer nicht mit dem Namen einer Weltmarke für sich werben kann, der muss sich aktiv um Auszubildende kümmern und Studienabgänger umwerben. Und mit der älter werdenden Gesellschaft wird sich diese Problemlage tendenziell eher verschärfen als entspannen.

Unternehmen in Städten ohne höheres Bildungsangebot haben es besonders schwer. Viele Jugendliche ziehen nach dem Abitur in die beliebten Universitätsstädte und suchen sich später häufig in deren Umfeld einen Arbeitsplatz. Zwar hatte Gießen schon frühzeitig eine Reformhochschule. Wetzlar – obwohl keine zehn Minuten mit der Bahn entfernt – hat sich aber nie in nennenswertem Umfang zum Wohnort für Studierende entwickelt. Und als Ort höherer Bildung konnte sich die Stadt historisch nicht etablieren. Der Versuch, nach dem Ende des Reichskammergerichts eine Rechtsschule zu etablieren, implodierte binnen weniger Jahre.

Das änderte sich erst nach dem Abzug der Bundeswehr 1994, als die Stadt nach einer zivilen Nutzung für die denkmalgeschützte Spilburg-Kaserne suchte. 2001 wurde dort die Technische Hochschule Mittelhessen (THM) ansässig und entwickelte vom Campus Wetzlar ihr zukunftsweisendes duales Studien-Angebot StudiumPlus. In anderen Bundesländern hatte man schon vorher gute Erfahrungen mit sogenannten Berufsakademien gesammelt, die eine praktische Ausbildung in Unternehmen mit studienähnlichen theoretischen Unterrichtsanteilen verbinden. Um auch selbst praxisnahe Studiengänge anzubieten, kooperiert die Hochschule inzwischen mit 750 teilnehmenden Unternehmen aus der Region, die in einem eigenen Verein organisiert sind. Dritter im Bunde ist der Kammerverbund Mittelhessen unter Federführung der Industrie- und Handelskammer Lahn-Dill. Was im Wintersemester 2001/2002 mit gerade einmal 31 Studierenden begonnen hat, ist inzwischen zum größten Anbieter dualer Studiengänge in Hessen herangewachsen. Im Sommersemester 2018 waren bei StudiumPlus 1325 Studierende immatrikuliert, davon 877 in Wetzlar. Unterrichtet wurden sie von rund 500 Dozenten und Dozentinnen aus Wirtschaft und Hochschule.

Das Spektrum der angebotenen Fächer hat sich mit den Jahren deutlich differenziert – bei einem stets gleichbleibenden engen Bezug zur

Die Rechnung ist aufgegangen: Das Spektrum der angebotenen Fächer hat sich mit den Jahren deutlich vergrößert und die Zahl der Studierenden ist erheblich gewachsen.

Foto: THM/Till Schürmann

Neben die praktische Ausbildung in den Betrieben tritt in Wetzlar der theoretische Unterricht – und der Austausch mit den Kommilitonen und Kommilitoninnen.

Seit 2001 ist die Technische Hochschule Mittelhessen mit dem dualen Angebot StudiumPlus in der Spilburg-Kaserne vertreten.

operativen Wirtschaft. Wurden anfangs nur die klassischen Fächer Betriebswirtschaft und Wirtschaftsingenieurwesen unterrichtet, so sind für den Bachelor inzwischen Ingenieurwesen Maschinenbau bzw. Elektrotechnik, Softwaretechnologie und Organisationsmanagement in der Medizin hinzugekommen. Ein aufbauender Master-Studiengang wird in Prozessmanagement, Systems Engineering und Technischem Vertrieb angeboten.

Für die Einschreibung reichen die Fachhochschulreife und ein Ausbildungsvertrag in einem der teilnehmenden Unternehmen. Wer beruflich bereits hinreichend qualifiziert ist, der kann auch alternativ in einer eigenen Prüfung seine Studienfähigkeit nachweisen. In dem dreieinhalbjährigen Bachelor-Studium finden Theorie und Praxis dann grundsätzlich im Wechsel statt. Das duale Studium startet schon im August im Unternehmen mit einer Kennenlernphase. Im Oktober beginnen die Vorlesungen des ersten Semesters. Nach dem ersten, zweiten und dritten Semester ist jeweils eine Praxisphase zwischengeschaltet. Im Anschluss an das vierte Semester bietet das fünfte Semester die Möglichkeit zur individuellen fachlichen Schwerpunktsetzung oder für ein Auslandssemester. Danach beschäftigen sich die Studierenden in ihrem Partnerunternehmen mit größeren eigenen Projekten. Das siebte Semester startet mit dem Praxisteil der Thesis im Unternehmen. Anschließend finden theoretische Blockmodule an der Hochschule statt. Im letzten Monat des Studiums bereiten sich die Studierenden im Unternehmen auf das abschließende Kolloquium vor. Nicht wenige bleiben anschließend gleich in ihrem Ausbildungsbetrieb. Den Unternehmen bringt das Angebot punktgenau qualifizierten Nachwuchs, der auch die internen Abläufe bereits kennt und oft persönliche Bindungen zur Firma und zum Standort geknüpft hat. Seit 2008 werden die dualen Studiengänge in den bundesweiten Hochschulrankings des Centrums für Hochschulentwicklung (CHE) jeweils in der Spitzengruppe geführt. Auch wenn sich das im Stadtbild nicht so bemerkbar macht – für den Industriestandort Wetzlar ist StudiumPlus ein klarer Gewinn.

2005 | Stadtentwicklung

Ein neues Forum entsteht

Auch in den vergangenen Jahrzehnten hat Wetzlar sein Gesicht gewandelt. Grünanlagen, Altstadtsanierung und Verkehrsprojekte sind Stichworte. Das markanteste Vorhaben war politisch allerdings durchaus umstritten – die Shopping-Mall neben dem Bahnhof

Lenny Kravitz, Jürgen Drews, Hannelore Elsner, Marteria und Sir Elton John – im Sommer 2012 gaben sich im sonst doch oft beschaulichen Wetzlar die Stars gewissermaßen die Klinke in die Hand. Anlass war der Hessentag, der in seinem 52. Jahr nach 1975 das zweite Mal in der Stadt gastierte. Rund 1,1 Millionen Besucher ließen sich das zehntätige Spektakel nicht entgehen, bei dem Wetzlar sich auch in seiner erneuerten Form präsentierte. Immerhin hatte es in der Stadt in den Jahren zuvor – nicht nur in Vorgriff auf die Großveranstaltung – erhebliche bauliche Veränderungen gegeben.

Schon Ende der 1950er-Jahre hatte die Stadtverwaltung angefangen, einen Grüngürtel als Erholungsraum rund um die Altstadt anlegen zu lassen. Verbunden mit der neuen Lahn-Promenade und der seit 2011 für den Autoverkehr gesperrten Alten Lahnbrücke ergeben die nach Wetzlars Partnerstädten benannten Parkanlagen einen vorbildlichen Erholungsraum in direkter Innenstadtlage. Nur die Höhenzüge am Kalsmunt und der Stoppelberg sind mit ihren Aussichtstürmen noch nicht in einem wünschenswerten Zustand. Nachdem der Neubaubedarf der Nachkriegszeit bis Anfang der 1970er-Jahre weitgehend gedeckt war, war die Sanierung der Altstadt in den Blick gerückt. Durch neue Nebenzentren und veränderte Einkaufsgewohnheiten drohte der alte Stadtkern, der schon vor dem Krieg renovierungsbedürftig gewesen war, seine Bedeutung einzubüßen. Nach jahrelangen Konzept-Debatten wurde schließlich ab 1972 die Altstadt vom regulären Autoverkehr weitgehend entlastet. Endlich konnte man wieder gefahrlos durch die engen Gassen spazieren und musste sich nicht mehr zwischen parkenden Autos hindurchschlängeln. Andere Projekte glückten weniger gut: So hatten die Stadtplaner auf einer durch mehrere abgerissene Gebäude entstandenen Brache am Domplatz ein großes Multifunktionshaus vorgeschlagen. Aus der Bevölkerung kam es zu erbitterter Gegenwehr. In einer Bürgerversammlung war von einem „barbarischen Angriff" gegen das Altstadtbild die Rede. Zum Richtfest im Mai 1979 sprach die Wetzlarer Neue Zeitung von einem „Beton-Monster". Als Multifunktionshaus hat das Gebäude bis dato seine Dienste getan. Nun soll es einem weiteren Neubau weichen.

Im Februar 2005 landete dann gewissermaßen ein 380 Meter langer Fremdkörper wie ein Ufo in der Stadt. Mit Investitionen von rund 130 Millionen Euro hatte die Deutsche EuroShop AG auf die Brache des ehemaligen Güterbahnhofs in nur zwei Jahren Bauzeit das größte Einkaufszentrum Mittelhessens mit einer Verkaufsfläche von 24 000 Quadratmetern gepflanzt. 1700 Parkplätze, die direkte Anbindung an die Bundesstraße 49, an den Bahnhof Wetzlar und die Busse des Stadt- und Regionalverkehrs machen den Besuch leicht. Sogar eine neue Lahnbrücke wurde dafür gebaut. Täglich kommen nach Angaben des Betreibers im Schnitt rund 22 000 Menschen in die 110 Geschäfte und gastronomischen Betriebe. Fünf Jahre nach Eröffnung fiel die Bilanz der Betreiber mithin rundum positiv aus. Alle Ladenflächen seien vermietet - und mit einem Gesamt-Jahresumsatz von rund 100 Millionen Euro seien die Erwartungen der ECE Projektmanagement GmbH als Betreiberin sogar übertroffen worden, sagte Center-Manager Josef Schmelzer bei einem Jubiläums-Empfang.

Für Wetzlars Stadtkasse eine schöne Sache, denn auch Kaufkraft aus Gießen, Marburg, Limburg

Das Multifunktionshaus am Domplatz empfanden viele von Beginn an als zu groß. Nun kommt ein Neubau.

Die Rittal-Arena ist auch die Heimat der HSG Wetzlar, hier in grün-weiß in einem Spiel der 1. Bundesliga 2014.

sowie aus den umliegenden Gemeinden wird so gewonnen. Außerdem sind 700 neue Arbeitsplätze entstanden. Im Zuge des Hessentages wurde einige Jahre später auch das Umfeld des Forums mit dem luftigen neuen Busbahnhof und der Sanierung des Bahnhofs neu gestaltet.

Die Kehrseite war eine schleichende Verödung der Altstadt und der Bahnhofsstraße. Viele alteingesessene Geschäftsleute gaben auf. Fachgeschäfte und Nahversorger gibt es dort kaum noch. Allerdings haben sich viele gastronomische Betriebe in der Altstadt angesiedelt, die die touristische Aufenthaltsqualität fördern.

In der Nachbarschaft des Forums, das heute den modernen Teil der Stadt tonangebend prägt, baute die Stadt selbst zur selben Zeit für 16 Millionen Euro die Mittelhessen-Arena, die seit 2006 den Namen des in Herborn ansässigen Elektronik-Unternehmens Rittal trägt.

Hier hat die erste Herrenmannschaft der HSG – der Handballspielergemeinschaft Wetzlar – in ihren grün-weißen Trikots schon manchen denkwürdigen Heimsieg eingespielt. Immerhin spielt der Verein seit 1998 ohne Unterbrechung in der ersten Handball-Bundesliga. Für den Pokal hat es noch nicht gereicht. Aber das kann ja noch werden.

Mit dem Forum entstand auf dem Gelände des ehemaligen Güterbahnhofs das größte Einkaufszentrum in Mittelhessen. Der Altstadt hat das geschadet.

WETZLAR IM WANDEL DER ZEIT

2018 | Aktuelle Perspektiven

Kennzeichen WZ

Eine Kanufahrt über den Fluss zeigt Wetzlar auch Einheimischen aus einer neuen Perspektive. Dabei wird deutlich, wie gut sich die Stadt insgesamt entwickelt hat. Selten in ihrer 1200-jährigen Geschichte ging es Wetzlar besser als heute. Und die Potenziale für die Zukunft sind vorhanden

Der schönste Weg in die Stadt führt übers Wasser. Wenn man in Gießen ins Kanu oder Kajak steigt, kann es ja eigentlich nur besser werden. Mit mäßigem Körpereinsatz treibt die Lahn Paddler dann flussabwärts. Bei den vielen Stockenten und Reihern am Ufer und den verwunschenen Weidendickichten sollte man nur nicht eines der Wehre hinabstürzen. An der Fischerhütte mit dem Wetzlarer Campingplatz erreicht der Fluss die erste Einstiegsstelle im Stadtgebiet. Hier schiebt Philipp Kammerer sein quietschrotes Kanu ins Wasser. Kammerer betreibt seit einigen Jahren einen Kanuverleih in Wetzlar und freut sich über immer mehr Kundschaft. Nicht Umkippen beim Einstiegen und ab geht die Post.
Wetzlar hatte Glück im Unglück. Der halbherzige Ausbau der Lahn im 19. und die Weitsicht der Stadtväter im 20. Jahrhundert haben der Stadt eine überraschend natürliche Uferlandschaft mit vielen Grünflächen für Mensch und Natur erhalten, die in anderen Städten ihresgleichen sucht. Heute ist das zweifellos ein Standortvorteil. Von den 75,7 km² Stadtfläche sind lediglich 6,7 km² mit Wohnungen und Einfamilienhäusern bebaut, 3 km² mit Gewerbe und 3,5 km² mit Straßen und Schienenwegen. Das Terrain ist vielfältig, teils sogar schattenspendend bewaldet und wächst vom Bahnhofsareal bis zum Stoppelberg gut 250 Meter in die Höhe. Auch der Bahnhof vor den Toren beförderte letztlich eher das Stadtwachstum und sicherte mit den nachfolgenden Eingemeindungen viel Raum für Industrie und Gewerbe. Immer wieder hat der Strukturwandel die Stadt gefordert. Aber sie ist sich in ihrem Wesen trotzdem weitgehend treu geblieben.

Etwa fünf Kilometer schlängelt sich die Lahn durch das Zentrum. Nach der zweiten Kurve kommt rechterhand die Rittal-Arena zwischen den Bäumen zum Vorschein mit der eigenen Zufahrt über den Fluss über die Wolfgang-Kühle-

Fünf Kilometer lang schlängelt sich die Lahn durch die Stadt – ein Revier für 150 000 Kanuten im Jahr.

Rechts: Bei klarer Sicht reicht der Blick von Wetzlar bis ins nahe gelegene Gießen. Trotzdem hat die Stadt sich ihren eigenen Charakter bewahrt.

Viele Altstadthäuser wurden liebevoll saniert. Blumen und Schmuck sorgen für anheimelnden Puppenstubencharme.

106 WETZLAR IM WANDEL DER ZEIT

1869
1883
1887
1903
1914
1922
1932
1938
1944
1945
1950
1956
1967
1977
1979
1989
2001
2005
2018

WETZLAR IM WANDEL DER ZEIT 107

Straße. Wenig später rauscht der Verkehr auf der Bundesstraße 49 über den Kopf der Kanuten hinweg. Wetzlar ist ein gut angebundenes Oberzentrum für Mittelhessen. Hier leben im Frühjahr 2018 nicht nur 53 201 Menschen – davon übrigens 1528 mehr Frauen als Männer. Hier sind nicht nur 114 Nationalitäten zuhause. Täglich pendeln auch 20 091 Menschen zum Arbeiten in die Stadt mit ihrem starken Anteil produzierenden Gewerbes und den vielen Dienstleistungsbetrieben. Der Stadtkasse bringt das jährlich Gewerbesteuereinnahmen von rund 38 Millionen Euro und der Stadtgesellschaft eine moderate Arbeitslosenquote von sechs Prozent. Das ist allerdings deutlich mehr als im Bundesdurchschnitt. Und auch die Verschuldung der Kommune liegt mit rund 3800 Euro pro Einwohner eher im oberen Bereich.

Bevor das Kanu ins Zentrum gleitet, gilt es kurz vor der Alten Lahnbrücke erstmal die Bootsrutsche zu passieren. Ein rascher Adrenalin-Kick, wenn das Boot im künstlichen Strudel schneller wird und in der Spitze etwas wackelt, bevor es nach der Ausfahrt sachte wieder verlangsamt und Zeit lässt für den Blick auf die gelungen sanierte Brücke, die man vor einigen Jahren endlich vom Autoverkehr befreite. „150 000 Kanuten haben wir inzwischen jedes Jahr auf dem Fluss", sagt Philipp Kammerer. Vorkenntnisse braucht es keine – und das Bootstaxi sorgt für den Rücktransport. Doch auch bei anderen Besuchern ist die Stadt beliebt. 112 127 Gäste begrüßten Hoteliers, Gastwirte, und Ferienquartiere im Jahr 2017. 24 Hotels leben davon und es gibt auch zwei Stellplätze für Wohnmobile auf der Lahninsel und am Dillufer. Nicht nur Museen und Altstadt locken,

Das Werther-Mural am Lotteplatz ist für junge Stadtbesucher längst ein begehrtes Foto-Motiv.

sondern auch der moderne Leitz-Park mit seiner Firmen-Ausstellung samt neuem Restaurant und Hotel oder Spaziergänge auf Goethes Spuren nach Garbenheim oder hoch zum Kalsmunt. 71 Kilometer Radwege wollen erkundet, der größte Freerunning-Parcours Deutschlands bezwungen und der Kletterwald durchstiegen werden. Wenn es heiß wird in Wetzlar, locken das Freibad mit Domblick oder der Badesee in Dutenhofen. Und wer es richtig wissen will, der strebt im Leichtathletikleistungszentrum im Wetzlarer Stadion oder im Kletterzentrum des Deutschen Alpenvereins nach körperlichen Höchstleistungen. In Wetzlar ist man überwiegend sportlich unterwegs. Die 80 Vereine für alle Interessen haben zusammen stolze 24 346 Mitglieder.

Dass die Stadt über eine hohe Lebensqualität verfügt, ist schon vom Wasser aus leicht zu erkennen. Oberhalb der Colchester-Anlage taucht auf der kurzen Flussreise nun am linken Ufer die Altstadt auf. Der Blick auf den feuerroten Dom ist auch heute noch unbezahlbar. Die Silhouette

Der Leitz-Park verbindet gläserne Manufaktur, Firmengeschichte, Gastronomie und Hotellerie.

3steps am Lottehof zum beliebtesten Motiv für Selfies und Gruppenfotos erkoren.

Mit einer Vielzahl qualifizierter Arbeitsplätze, einem attraktiven Umfeld, einem breiten Angebot an Kultur und Unterhaltung und einer guten Anbindung ans Rhein-Main-Gebiet erfüllt Wetzlar alle Voraussetzungen eines Hidden Champion. Städte aus der zweiten Reihe, darauf setzen viele Experten, werden im 21. Jahrhundert den Metropolen mit ihrer hohen Lebensqualität kräftig Konkurrenz machen. Wetzlar hat dafür erkennbar Potenzial und positioniert sich nicht nur mit seinem neuen Autokennzeichen WZ als eigenständige Marke.

Die neue Fußgänger- und Radfahrerbrücke kurz vor dem Stadion und der Dillmündung markiert das Ende der eigentlichen Innenstadt. Jetzt noch ein paar beherzte Paddelschläge durch die letzte Linkskurve. Dann taucht unterhalb der Eisernen Hand der Ausstieg mit der Kanu-Station auf. Er liegt ziemlich genau dort, wo an der Furt über die Lahn vor rund 1200 Jahren alles begann. Nur Kira kommt an diesem Nachmittag nicht auf ihre Kosten. Als der Kleinbus mit dem Kajak für die Fahrt zur Fischerhütte beladen wurde, hatte die bootsverrückte Hündin von Philipp Kammerers Schwiegereltern sich kurzfristig Hoffnungen auf eine entspannte Flusspartie auf dem Stand-up-Board gemacht. Nun wartet Kira auf andere Steuerleute.

wird nicht von unproportionierten Neubauten gestört. Es müsste wohl noch mehr geschehen, damit dieses Areal nicht allein den Touristen und Flaneuren überlassen bleibt. Handel und Dienstleistungen, Vergangenheit und Gegenwart, Tradition und moderne Kunst müssen sich nicht ausschließen. Gute Ansätze gibt es. Der Optik-Parcours sorgt mit seinen Installationen für überraschende Erkenntnisse. Und junge Besucher haben längst das 2015 entstandene poppig bunte Werther-Mural des Künstlerkollektivs

Der gepflegte Grüngürtel rund um die Innenstadt ist ein besonderes Pfund.

Alle Fotos: Martin Wein

WETZLAR IM WANDEL DER ZEIT

Der Autor

Wetzlar erstaunt. Auch der Historiker und selbständige Journalist Martin Wein hat sich für die vorliegende Stadtchronik neues Terrain erschlossen. Nach einigen Jahren als Tageszeitungsredakteur arbeitet Wein mit seinem eigenen Redaktionsbüro von Bonn aus bundesweit für Tageszeitungen, Magazine sowie für Unternehmen, Institutionen und wissenschaftliche Einrichtungen (www.martin-wein.de). 2006 promovierte der Historiker mit einer Dissertation über deutsche Stadtgeschichte im 19. und 20. Jahrhundert. Er hat mehr als 25 Sachbücher und zwei Romane veröffentlicht. Darunter finden sich ausführliche Stadtgeschichten etwa über Köln, Bremen und Oldenburg. Im WIKOMmedia Verlag erschien 2016 sein Band „Siegen im Wandel der Zeit". Stadtgeschichte versteht er – gerade in vergleichender Perspektive – als Spiegelbild, Brennglas und Erklärungsebene umfassender zeitlicher und räumlicher Entwicklungslinien

Portraits beteiligter Unternehmen und Institutionen

Duktus GmbH & Co. KG
Sophienstr. 52–54
35579 Wetzlar
Gründungsjahr: **1731** | Seite 44

Helmut Hund GmbH
Arthur-Herzog-Str. 2
35580 Wetzlar
Gründungsjahr: **1967** | Seite 96

Satisloh GmbH
Wilhelm-Loh-Str. 2–4
35578 Wetzlar
Gründungsjahr: **1922** | Seite 78

Karl Grumbach GmbH & Co. KG
Breitteilsweg 3
35581 Wetzlar-Münchholzhausen
Gründungsjahr: **1938** | Seite 84

IBC Wälzlager GmbH
In der Au 29
35606 Solms-Oberbiel
Gründungsjahr: **1918** | Seite 74

J. J. Völk Wetzlar GmbH
Dillfeld 1
35576 Wetzlar
Gründungsjahr: **1808** | Seite 53

Heinemann Optik + Akustik GmbH
Langgasse 23
35576 Wetzlar
Gründungsjahr: **1946** | Seite 91

KREMP WETZLAR Präzisionszahnräder Christian Kremp GmbH + Co. KG
Hörnsheimer Eck 13a
35578 Wetzlar
Gründungsjahr: **1883** | Seite 64

Hexagon Metrology GmbH
Siegmund-Hiepe-Str. 2–12
35578 Wetzlar
Gründungsjahr: **1869** | Seite 62

Lonkwitz Edelstahltechnik GmbH
Grube Juno 1
35580 Wetzlar
Gründungsjahr: **1887** | Seite 66

Literaturverzeichnis

Baumann, Anette, Eichler Anja, Die Affäre Papius: Korruption am Reichskammergericht, Petersberg 2012

Beck, Rolf, Die Leitz-Werke in Wetzlar, Erfurt 1999

Becker, Armin, Rasbach, Gabriel, „Städte in Germanien". Der Fundplatz Waldgirmes. In: Wiegels, Rainer (Hrsg.), Die Varusschlacht. Wendepunkt der Geschichte?, Stuttgart 2007

Becker, Armin, Die Ausgrabung einer römischen Stadt. Waldgirmes im Lahn-Dill-Kreis. In: Schneider, Helmuth, Rohde, Dorothea (Hrsg.), Hessen in der Antike. Die Chatten vom Zeitalter der Römer zur Alltagskultur der Gegenwart. Kassel 2006

Blume, Peter, Suhany, Volker, Die Geschichte der Garnison Wetzlar. Vom Wecken bis zum Zapfenstreich, 1818 bis 1993, 2. Aufl. Wetzlar 2012

Gensen, Rolf, Die eisenzeitlichen Befestigungen in Hessen – mit Ausnahme des Glaubergs bei Büdingen. In: A. Jocknhövel (Hrsg.), Ältereisenzeitliches Befestigungswesen zwischen Maas/Mosel und Elbe, Münster 1999

Gloël, Heinrich, Goethes Wetzlarer Zeit. Bilder aus der Reichskammergerichts- und Wertherstadt, Berlin 1911

Gündisch, Dieter, Arbeiterbewegung und Bürgertum in Wetzlar 1918 – 1933 in: Mitteilungen des Wetzlarer Geschichtsvereins, Wetzlar 1991

Jung, Irene, Wetzlar: Eine kleine Stadtgeschichte, Erfurt 2010

Jung, Irene, Wiedl, Wolfgang, Wetzlar – Ein Blick in die Stadtgeschichte, Gudensberg-Gleichen 2012

Jung, Irene, Wiedl, Wolfgang, Zwischen Propaganda und Alltagsnot. Wetzlar und der Erste Weltkrieg 1914 – 1918, Neustadt an der Aisch 2016

Keck, Lothar, Schmidt Hartmut, hrsg. von der Gesellschaft Reichskammergerichtsforschung e. V. Das Reichskammergerichtsmuseum Wetzlar, Wetzlar 1997

Kühn-Leitz Knut, Leitz, Ernst, Ein Unternehmer mit Zivilcourage in der Zeit des Nationalsozialismus. Hanau 2008

Koenig, Johannes, Verwaltungsreform in Hessen (1945–1981). Ziele – Strategien – Akteure, Darmstadt, Marburg 2006

Peter, Oda, hrsg. vom Wetzlarer Dombau-Verein e.V., Der Dom zu Wetzlar – Kunstwerke aus fünf Jahrhunderten, Wetzlar 1999

Porezag, Karsten, Luftkrieg über Wetzlar, Wetzlar 1995

Schäfer, Andreas, Eine Altsiedellandschaft gibt ihr Geheimnis preis. Die Entdeckung einer bandkeramischen Siedlung mit Erdwerk im Lahntal bei Wetzlar, Hessen Archäologie 2002 (2003)

Schoenwerk, August, Die Reichsburg Kalsmunt bei Wetzlar und ihre Burgmannen (Hrsg. von Heinz F. Friederichs), Frankfurt am Main 1962

Sebald, Eduard, Brüdern, Jutta, Der Dom zu Wetzlar, Königstein im Taunus 2001

Thon, Alexander, Ulrich, Stefan, Friedhoff, Jens, „Mit starken eisernen Ketten und Riegeln beschlossen …". Burgen an der Lahn, Regensburg 2008

Wegmann, Jürgen, Der Wetzlarer Dom – ein Haus für zwei Konfessionen, Baden-Baden 2017

Impressum

Herausgeber:

Kommunal Regional Emotional
WIKOMMEDIA
Wirtschaft Kommunal Multi media

**WIKOMmedia Verlag
für Kommunale- und Wirtschaftsmedien GmbH**
Blaumeisenstr. 9, 82140 Olching
Registergericht München HRB Nr.
216280; USt.IdNr.: DE 298734057

Geschäftsführung:
Peter F. Schneider
Telefon: +49 8142 4222954, Fax: + 49 8142 4222955
E-Mail: info@wikom-media.d
Web: www.wikom-media.de

Mit freundlicher Unterstützung der Stadt Wetzlar

Grafik & Satz:
Grafitypus, Ulrike Heinichen

Autor:
Dr. Martin Wein

Bilder Titelseite:
Martin Wein (6)

Druck:
**Gutenberg Beuys Feindruckerei GmbH
Hans-Böckler-Straße 52 · 30851 Langenhagen**

Titel, Umschlaggestaltung sowie Art und Anordnung des Inhalts sind zugunsten des jeweiligen Inhabers dieser Rechte urheberrechtlich geschützt. Nachdruck und Übersetzungen in Print und Online sind, auch auszugsweise, nicht gestattet.

1. Auflage 2018